◎湖南省哲学社会科学基金项目(16YBX005)

中小学运动风险管理研究

Research on Sports Risk Management in Primary and Secondary schools

◎ 钟小燕 著

中国矿业大学出版社
China University of Mining and Technology Press
·徐州·

图书在版编目（CIP）数据

中小学运动风险管理研究/钟小燕著 —徐州：中国矿业大学出版社，2021.9

ISBN 978-7-5646-5144-2

Ⅰ.①中… Ⅱ.①钟… Ⅲ.①运动训练－风险管理－研究－中小学 Ⅳ.① G633.962

中国版本图书馆 CIP 数据核字 (2021) 第 195434 号

书　　名	中小学运动风险管理研究
	Zhongxiaoxue Yundong Fengxian Guanli Yanjiu
著　　者	钟小燕
责任编辑	张海平　章　毅
出版发行	中国矿业大学出版社有限责任公司
	（江苏省徐州市解放南路 邮编 221008）
营销热线	（0516）83884103　83885105
出版服务	（0516）83995789　83884920
网　　址	http://www.cumtp.com　E-mail：cumtpvip@cumtp.com
印　　刷	湖南省众鑫印务有限公司
开　　本	710 mm×1000 mm　1/16　印张 11　字数 175 千字
版次印次	2021 年 9 月第 1 版　2021 年 9 月第 1 次印刷
定　　价	92.00 元

（图书出现印装质量问题，本社负责调换）

钟小燕 女，1980年7月生，湖北十堰人。现为湖南第一师范学院副教授，主要从事学校体育、小学体育教学论教学工作。研究方向为学校体育、体育教学与训练。在省级刊物发表中小学体育相关论文十几篇，主持湖南省社科规划课题1项、湖南省社科课题1项，参与国家社科课题1项。

前　言

近年来，学校一些体育运动伤害事件被媒体广泛报道，学校体育运动安全问题已引起社会广泛关注。不少学校为了避免"管不胜管""赔不胜赔"的后果，被迫采取诸如取消"危险性"的教学活动内容、严格限制学生在校活动范围等消极措施。这些因噎废食的措施已严重影响学生的体质健康。学校体育教育过程中各类风险的客观存在与学生身体发展对学校体育需求之间的矛盾已经成为学校体育健康发展的障碍，严重影响了学校体育工作的正常开展，对学生的体质健康也造成了巨大的影响。

武陵山区是《中国农村扶贫开发纲要（2011—2020 年）》中扶贫攻坚的主战场之一，也是多民族的集聚地。武陵山区包括湖北（11 个县市）、湖南（37 个县市区）、重庆（7 个县区）、贵州（16 个县市）四省市交界地区的 71 个县（市、区），该地区是我国内陆跨省交界面积最大、人口最多的少数民族聚居区。该地区地理位置特殊，分属渝、黔、鄂、湘四省市治理，属于各省市边缘地带，片区农村存在基础设施、师资水平、办学经费不足，教育管理和教育质量不高等突出问题，而且存在这些问题的学校分布广、数量多，已经成为基础教育发展不均衡的重要体现[1]。近 10 年来武陵山区基础教育的发展比较滞后，很多学者对该地区进行调查研究后集中指出，学校体育还存在很多问题：体育设施资源不足、专职体育教师缺乏、专业质量堪忧[2]；体育课的规范化程度低，课程内容、方法创新性严重滞后[3]；受教育理念、办学条件、师资力量的局限与制约，教师自身的安全教育能力和在实践中探索安全教育规律的意识都有待提升[4]；部分学生性格好动不羁[5]、安全防范意识淡薄。多元化的风险要素造成了武陵山区农村小学体育安全问题严峻，特殊的区情决定了片区中小学体育运动风险状况的特殊性。

笔者在研究过程中，把调查对象集中在武陵山区的湘西土家族苗族自治州（以下简称湘西），运用风险管理学的理论和方法，在对湘西地区中小学体育安全现状及问题进行调研的基础上，研究了湘西地区中小学体育运动风险致因特征、评估风险等级、风险量并提出风险应对策略，构建了湘西地区中小学体育运动风险管理机制。

钟小燕
2021年7月

目 录

第一部分 小学体育运动风险管理——以湘西地区为例

第1章 引论 ·· 2
    1.1 问题的提出 ·· 2
    1.2 研究现状 ·· 4
    1.3 研究意义 ··· 15
    1.4 研究内容 ··· 16

第2章 研究方法 ·· 18
    2.1 实地调研法 ·· 18
    2.2 文献资料法 ·· 18
    2.3 专家访谈法 ·· 18
    2.4 问卷调查法 ·· 18
    2.5 实地考察法 ·· 20
    2.6 数理统计法 ·· 21
    2.7 案例分析法 ·· 21

第3章 湘西地区小学体育运动的风险识别 ···································· 22
    3.1 体育运动风险识别的定义和特征 ··· 22
    3.2 小学生体育运动风险来源及类别 ··· 22

3.3 小学生体育运动风险识别方法 ……………………………… 23

3.4 小学生体育运动风险检查项目 ……………………………… 24

3.5 湘西地区农村小学生体育运动受伤情况评估 ……………… 25

3.6 湘西地区小学生体育运动风险识别问题讨论 ……………… 26

第4章 湘西地区小学生体育运动的风险评估 ……………………… 28

4.1 湘西地区小学生体育运动风险评估内容 …………………… 28

4.2 风险评估的方法 ……………………………………………… 29

4.3 湘西地区小学体育运动的风险评估结果分析 ……………… 29

4.4 湘西地区小学体育运动风险致因评估 ……………………… 34

第5章 小学生体育运动风险应对 …………………………………… 65

5.1 小学生体育运动风险应对措施 ……………………………… 66

5.2 学生体育运动风险转移措施 ………………………………… 71

第6章 结论 …………………………………………………………… 74

第二部分 中学体育运动风险管理——以湘西地区为例

第7章 问题的提出 …………………………………………………… 78

7.1 引言 …………………………………………………………… 78

7.2 学校体育运动伤害事故的文献综述 ………………………… 80

7.3 研究目的和意义 ……………………………………………… 96

7.4 研究内容 ……………………………………………………… 96

7.5 主要概念 ……………………………………………………… 97

第8章 研究方法 ……………………………………………………… 103

目 录

8.1 文献资料法 103
8.2 问卷调查法 103
8.3 专家访谈法 104
8.4 数理统计法 105

第9章 湘西地区中学生体育运动风险识别 106
9.1 风险识别的理论概述 106
9.2 中学生体育运动的风险识别 107
9.3 湘西地区中学生运动伤害事故发生现状 109
9.4 小结 113

第10章 湘西地区中学生体育运动风险评估 114
10.1 中学生体育活动风险评估方法 114
10.2 湘西地区中学生体育运动风险评估结果分析 116
10.3 学生发生伤害事故后的解决方式 127
10.4 小结 129

第11章 湘西地区中学生体育运动的风险应对 131
11.1 湘西地区中学生体育运动风险应对 132
11.2 学校管理风险应对措施 139
11.3 风险转移措施 141
11.4 小结 143

参考文献 144

附录 153
附录1 湘西地区小学生体育运动风险教师调查问卷 153
附录2 湘西地区小学生体育运动风险评估表 158

附录3　湘西地区中学生体育运动风险教师调查问卷 …………… 160

附录4　湘西地区中学生体育运动风险学生调查问卷 …………… 163

后记 ……………………………………………………………… 166

第一部分

小学体育运动风险管理
——以湘西地区为例

第1章 引　论

1.1　问题的提出

　　国务院办公厅于2016年面向全国所有学校印发了《关于强化学校体育促进学生身心健康全面发展的意见》，其中明确提出：学校体育仍是整个教育事业相对薄弱的环节，对学校体育重要性认识不足、体育课和课外活动时间不能保证、体育教师短缺、场地设施缺乏等问题依然突出，学校体育评价机制亟待建立，社会力量支持学校体育不够，学生体质健康水平仍是学生素质的明显短板[6]。

　　随着素质教育的深入开展和以"健康第一"为指导思想的体育健康课程改革的全面推进，《体育与健康课程标准》提出：充分照顾学生的兴趣爱好，发展学生的个性，满足学生的需求，提高学生自学、自练的能力，培养学生终身体育的意识。学校体育教育也越来越重视学生的体育实践能力和兴趣的发展，学生可以根据自己的兴趣爱好选择自己喜欢的运动项目。随着课程改革的深入，学校校本体育课程开发了越来越多的运动项目融入学生的体育课堂学习。由于小学生生理、心理发育不成熟，自我控制能力差，预见行为后果的能力、安全防范和自我保护能力不足，而使得小学生运动伤害事故频发。

　　同时，体育运动"与生俱来"的特点决定了其存在着多种形式和种类的风险[7]。体育师资力量、体育设施、运动负荷、学生自身状况等均是诱发运动风险的因素。学校体育运动风险呈现出高频性、多样性、潜在性及复杂性[8]。近年来，频发的学校体育运动伤害事故已经引起了社会各界的广泛关注，而且这个问题随着新一轮体育课程改革的推进表现日益突出，由此引发的矛盾冲突和纠纷也日益严重。学校体育运动伤害事故的发生不仅给学生及其家长带来不幸和痛苦，也影响着学校教育教学工作的正常开展，不利于素质教育向更深层次推进[1]，并且给教育行政部门、学校及教师造成管理上的困惑和不安。目前学生安全问题已经引起教育界的思考以及社会各界的广泛关注和重视。

面对"防不胜防"的运动安全事故，不少学校感到"管不胜管"，加之事故造成的"赔不胜赔"的后果，许多学校被迫采取诸如取消"危险性"教学活动内容、对学生在校活动范围严格限制等消极措施。这种因噎废食的措施不利于学生的全面发展，严重影响了素质教育向深层次的推进[2]。随着学校安全事故日益受到社会关注，这种影响已经超出学校教育管理的范围，演变成为一个复杂的社会问题。中小学生的安全教育已经成为教育主管部门和各个学校亟待解决的问题。

湘西地区位于湖南省西北部，属于湖南、湖北、贵州、重庆四省市的交界处，管辖七县一市，面积1.55万平方千米，是典型的欠发达地区，也是湖南省的少数民族自治地区、湖南省重点开发地区和扶贫攻坚的主战场。2017年，小学适龄儿童入学率99.9%，落实义务教育保障资金3.44亿元。湘西地区目前仍然是湖南省经济欠发达地区，教育发展落后，尤其是体育教育资源匮乏，研究武陵山地区的小学体育教学安全现状具有非常大的价值。目前对湘西地区农村小学体育运动风险管理的研究较少，针对地区农村小学体育的研究大多停留在体育设施、师资、教学、健康等实际问题的描述性分析上，缺乏对教育不发达地区的体育运动安全问题发生的背景、原因和特征进行的理论性和系统性剖析研究，针对湘西地区农村小学体育风险问题展开的理论和实践研究更少。因此，在风险管理视角下对湘西地区小学体育安全问题的创新研究需求显得尤为迫切，本书的内容有助于减少小学体育运动中出现的运动风险问题，为湘西地区农村小学体育教学安全风险与防范的研究提供参考。

1.2 研究现状

1.2.1 国外研究综述

国外的体育运动安全和风险研究已趋于成熟，已经从理论和实践两个方面对风险管理进行了大量较为系统的研究，涉及体育领域的方方面面，形成了较为稳定和成熟的体育风险管理理论体系和体育风险管理运作实践模式。

1.2.1.1 风险管理与体育风险管理理论研究

体育风险管理研究最早出现在 20 世纪 70 年代初的美国，当时主要运用体育风险管理策略、体育风险管理技术对企业进行管理。目前国外体育风险管理概念的定义非常丰富，其内涵主要包括两个方面：一是准确地预测体育相关领域可能存在的风险；二是最大限度地控制这些风险的发生或使风险的不利影响降到最低[9]。

依据不同的分类管理标准，体育项目风险可分为不同的类别：

（1）根据涉及的不同体育领域，风险可分为竞技体育风险、学校体育风险、体育锻炼风险、体育休闲娱乐风险、体育组织风险；

（2）依据影响体育发展的因素，可以将体育风险分为体育自然风险、体育社会风险、体育经济风险、体育政治风险、体育法律风险、体育伦理风险；

（3）根据体育组织、部门或管理者在体育运动经营过程中可能造成的伤害或责任，体育风险可分为体育人身伤害风险、体育责任损失风险、体育财产风险、体育知识产权风险、体育环境风险、体育管理责任风险。

国外学者对体育风险的理论研究主要集中在体育运动范围与设备的安全管理、体育场馆的风险管理、体育运动的安全职责认定等方面。

1.2.1.2 实施体育风险管理的过程

目前，国外体育教学组织或部门就是否可以实施体育项目企业风险管理工作计划，主要依据以下几个方面确定：是否为法律、法规要求；成本大小；责任问题。

完整的风险管理程序包括：根据风险管理政策制订风险管理计划，在风险管理过程中对风险进行登记，实施风险应对计划、风险处理及审查[5]。

风险管理过程具体包括以下五个步骤：

第一步是界定风险管理背景关系。这一步的关键是理解影响风险管理的各个因素既包括组织内部也包括组织外部[9]。重点考虑的内容有：

(1) 确保所制定的风险分析评价体系符合专业发展要求；

(2) 识别在本组织风险管理中可能产生的影响及利益攸关的共同参与者；

(3) 确定风险控制管理的主要工作目标和所要求的结果；

(4) 制定风险处理成功的标准；

(5) 确定风险管理的关键因素与具体的管理组织构成等。

第二步是识别组织和员工容易面临的风险。识别风险一般分为以下五个步骤[9]：

(1) 确认不确定性因素是否客观存在；

(2) 建立风险因素的初步清单；

(3) 确认各种风险事件并推测其结果，制定风险预测图；

(4) 进行风险分类；

(5) 建立风险目录摘要。

目前，国外进行风险识别的主要方法有头脑风暴法、问卷调查法、经验借鉴法、标准的风险清单检查法、档案法、流程图法、职业专家调查法、现场调查法等。

第三步是评估风险。通过对风险来源、现有控制、风险产生的可能性和后果等的评估决定风险存在的水平[9]。评估风险包括以下六个步骤[9]：

(1) 必须确定风险及其可能导致出现的问题类别；

(2) 制定对上一步骤中所确定的风险的控制技术措施；

(3) 汇总可能出现的风险信息；

(4) 判定风险发生的可能性；

(5) 评估风险发生后产生的后果；

(6) 决定风险管理的对策及判断各对策相关的成本。

第四步是风险应对，即针对各种可能发生的风险设计方案，以减少、避免或转移风险，尽可能地降低风险发生的概率，把危害降到最低。目前，国外风险应对的主要方法有回避风险、转移风险、降低风险、接受风险和利用风险等。

第五步是监测检查、反馈风险，即针对风险发生的类型，设计应对风险的计划、策略，在实践中操作应用并进行监测检查，及时调整计划。

1.2.1.3 体育运动安全管理研究

体育运动安全管理具体探讨的问题包括体育运动的安全教育、体育教师胜任能力要求、体育运动环境的监督、体育运动设施的维护、医疗条件的保证、传染性疾病的控制等[10]。实证研究的成果来自学校体育运动伤害事故模式与风险管理计划制定的领域。拉菲拉姆（Laflamme）和露西（Lucie）对一年内1 260起学校伤害事故进行了分析，其中探讨了不同体育运动伤害事故的背景、原因与特征，建立了伤害事故模型，创建了一门针对性很强的安全策略学，对体育运动的安全管理提出了宝贵的建议。[11]

国外体育运动安全管理的实践研究一直都是研究的焦点，主要集中在学校体育环境评估和体育运动风险管理计划两个方面，体育运动安全的研究对体育运动安全管理的实践具有很强的针对性指导意义。很多学者运用定性研究与定量研究相结合的方法，从技术的角度对体育运动的安全问题做了较全面的考察与分析[12]，如对学校体育环境的安全评估，对体育运动的各类环境确定不同的安全指标，采用李克特五级评定量表对各项安全指标做评估，为管理者更新与维护体育运动设施提供了依据[13]。另外，在体育运动风险管理的研究中，对体育运动的风险因素进行了归类分析研究，指出了来自体育运动人员和环境的风险的种类，具体分析了可能导致的风险事件（risk event），并提出了一系列风险管理策略（risk management strategies）[14]。

目前国外体育风险管理的最新基本理念包括[9]：

（1）有规律的体育锻炼被证明是有许多好处的，但它也同其他良药或健康干预一样存在潜在的风险；

（2）在体育运动伤害预防中，风险管理计划被认为是"最佳的购买"措施；

（3）体育组织或机构主动进行风险管理，不仅仅是为了规避风险、转移风险，更是为观众的健康、幸福和美好的体育体验提供安全的体育环境；

（4）最高效的应对体育风险的措施是提前制订风险管理计划。

国外学者在体育运动风险以及学校体育教学风险方面做了较为深入的研究，提出了预测风险、收集和分析相关信息、识别风险、评估风险和控制风险的系统科学方法。在风险预防的研究中，相关研究主要集中在体育项目风险预防控制方面，并提出了风险管理计划。此类研究给我国风险管理过程中的风险应对提供了非常珍贵的理论借鉴。

1.2.2 国内研究综述

体育风险管理在20世纪国外体育赛事、学校体育教学等领域中开始应用，并取得了许多成效，体育风险研究开始受到我国学者的关注。学者们开始从风险管理视角多层次多角度地对大型体育赛事、体育运动等产生的运动风险展开研究，取得了突出的成果。研究主要集中在以下几个方面：

1.2.2.1 学校体育运动安全问题

2015年教育部印发《学校体育运动风险防控暂行办法》，要求教育行政部门把学校体育运动风险防控作为教育管理与督导的重要内容，明确了学校体育运动各个环节的风险管理责任，建立健全了学校体育运动风险防控制度，规范了学校体育运动各环节的风险防控；2016年5月，国务院办公厅印发《关于强化学校体育促进学生身心健康全面发展的意见》(以下简称《意见》)就健全风险管理机制专门提出了要求。教育部发布了"校园运动风险管理办法"，制定了有关校园体育安全风险管控的方案，明确了学校体育运动各个环节的风险管理责任，为学校和体育工作者"松绑"，为建立健全学校体育运动风险防控制度、规范学校体育运动各环节风险防控提供了基本标准。国务院办公厅和教育部颁发的一系列文件意味着学校体育运动安全是当前制约学生体育运动发展的主要因素。

小学生的体育运动具有较强的时空特征和体育运动特征，安全问题的表现由于不同类型的体育运动的环境要素和空间布局不同而有所变化，而且具有地域性和季节性差异[12]。目前，关于学校体育运动安全概念，学术界还没有一个较为全面和准确的定义。我国学者从20世纪90年代开始关注小学体育运动安全和健康方面的问题，重点探讨小学生体育运动的安全防范问题，并总结出小学生体育运动安全保障的方法主要来自学校和教师两个方面[15-19]。

目前，虽然我国小学安全教育工作已经开启，但是基本上都是以各种理论宣传为主，主要是在一些心理健康活动课中有所涉及，还没有作为特殊的专项教育实践活动推行。现有的研究主要从学校体育运动伤害事故现状与对策的角度进行分析阐述，学校体育教学伤害事故的预防及其处理措施在20世纪90年代已经受到我国学者的重点关注。由于体育风险的成因复杂，目前很少有学者全面系统地对学生体育运动伤害事故的发生原因进行归纳分析。在实践中，一些严重的运动伤害事故的调查与取证也比较困难，很难分析出影响学生体育运动伤害事故的具体原因。学者们对体育伤害事故原因的研究大多还只建立在经验总结和主观判断的基础上，导致提出的应对措施缺乏可操作性和实践意义。小学生体育运动安全日趋严峻，体现出突发性、偶然性、破坏性和复杂性的特征[12]，现有的单一的、描述性的研究无法从事物本质和发展规律上正确认识体育运动的安全问题。

学校体育运动安全管理的目标是实现学生的体育运动安全。运动中需要体育教师通过风险发生规律和风险变化规律，认识、评价和分析体育运动风险造成的危害，选择合适的措施应对风险和规避风险，尽可能地减少体育运动的风险损失。

1.2.2.2 关于运动风险管理的研究

运动风险管理是将风险管理理论应用到体育学中的一门新兴学科，对学生体育运动进行风险管理是解决运动安全问题的有效手段。我国学者对学校体育运动风险管理研究的主要特点是运用风险管理技术，提出了学校体育运动风险的理论框架。

通过中国知网检索主题词"运动风险"进行计量可视化分析发现，2008年开始运动风险相关研究成为热点，并逐年上升（见图1-1）。2016年运动风险的相关研究为543篇，2020年为996篇，发表数量创出新高。运动风险也逐渐被社会认同，成为被广泛认可的学术名词。相关主题分析见表1-1。

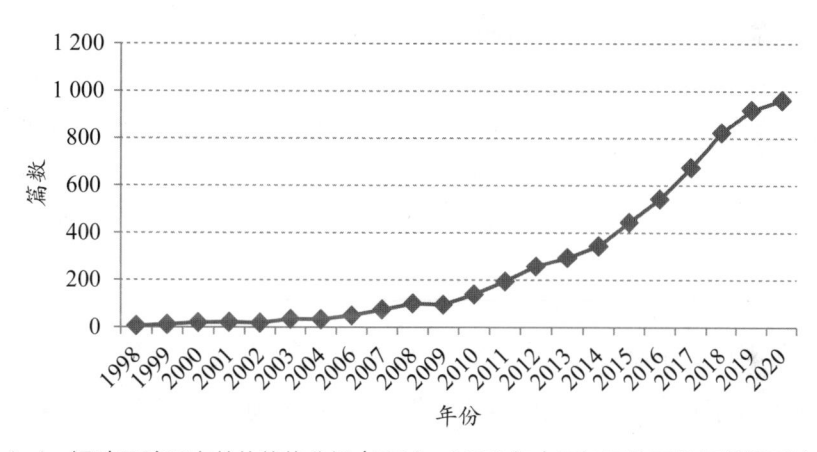

图1-1 运动风险研究总体趋势分析（1998—2020年中国知网收录的相关期刊论文）

表1-1 运动风险研究主题可视化分析

主题	篇数	占比	主题	篇数	占比
户外运动	213	6.88%	体育锻炼	125	4.04%
体育运动	210	6.78%	运动损伤	125	4.04%
学校体育	170	5.49%	运动风险	122	3.94%
风险管理	152	4.91%	体育保险	118	3.81%
体育教学	135	4.36%	老年人	117	3.78%
伤害事故	128	4.13%	有氧运动	113	3.65%

续表

主题	篇数	占比	主题	篇数	占比
全民健身	110	3.55%	中小学	60	1.94%
心脏康复	102	3.29%	影响因素	59	1.91%
风险评估	100	3.23%	风险分析	24	0.78%
体育课	85	2.75%	体系构建	24	0.78%
对策研究	80	2.58%	风险规避	18	0.58%
受试者	78	2.52%	风险事件	11	0.36%
风险识别	78	2.52%	风险指标	10	0.32%
功能性运动测试	74	2.39%	风险认知	10	0.32%
体育运动伤害	73	2.36%	啦啦操	10	0.32%
体质健康	66	2.13%	冰雪运动	10	0.32%
高校体育	66	2.13%	校园足球	9	0.29%
体育教师	65	2.10%	健身运动	8	0.26%
学校体育运动	63	2.04%	马拉松运动	8	0.26%
运动处方	61	1.97%	风险因素	6	0.19%

通过对研究主题进行可视化分析发现，目前国内学者已经从体育运动风险、体育锻炼风险、校园足球运动风险等视角进行研究，研究外延不断扩大。通过中国知网主题可视化分析可知，关于体育运动、户外运动、学校体育的运动伤害、风险评估等的研究相对较多。从2018年开始，体育运动相关风险研究是研究的高频关键词，相关研究基本上涵盖了所有运动类型，随着人们对健康的不断追求，体育运动相关研究也是研究的重点和趋势。石岩[20]对学校体育过程中的风险因素进行了科学的分类（见表1-2）。自2004年开始，石岩等学者开始关注体育教育风险管理的基本过程和应对解决风险的措施，相关研究主要集中在对学校体育风险致因分类及风险应对策略两个方面。目前学校体育运动风险干预实践研究还没有引起重视，相关研究进展缓慢，缺乏科学、系统的体育运动风险干预方案及风险管理计划的理论和实证研究。学者对小学生运

动伤害原因的论述主要集中在运动环境、教师和学生三个方面。

表1-2　小学生体育运动安全问题致因归类[11]

类别	安全致因具体表现
学生	1. 不遵守课堂纪律，出现与教学无关甚至阻碍教学的风险行为
	2. 不按照要求练习
	3. 做练习时，注意力不够集中
	4. 练习中相互碰撞发生运动风险
	5. 安全意识差，缺乏自我保护意识
	6. 缺乏自我调节能力和自我保护能力
	7. 对运动器材使用方法不了解，使用时受伤
	8. 其他同学的原因造成受伤
	9. 因为天气、光线、心情等因素而造成受伤
教师	1. 课前准备不够
	2. 教学中没有充分考虑到学生的个体差异
	3. 教学中组织教学方法不科学
	4. 学生运动时保护措施不到位
	5. 对待学生的过激行为采取暴力和非理性行为，造成学生运动风险
	6. 对有不合理情绪的学生，管理方法不到位
	7. 上课纪律松散，导致发生各种意外风险
	8. 教学中的运动负荷超出学生身体承受的范围
	9. 教学中对身体特殊的学生缺乏照顾
	10. 不重视对学生运动中不正确习惯的纠正
	11. 自身要求不严格，课堂常规管理随意
环境	1. 学校对体育工作不重视
	2. 意外事件发生时，学校有关部门不能及时通报和正确处理
	3. 医务监督不力，体检工作不能落到实处
	4. 场地太小，学生活动时非常拥挤
	5. 场地不平整，杂草丛生、满地砂石

表 1-2（续）

类别	安全致因具体表现
环境	6. 体育设施不完善，体育器械陈旧甚至破损、变形
	7. 学校体育运动的场地在逐年缩减，被其他建筑设施侵占
	8. 学校条件落后，学生体育运动时场地尘土飞扬，对学生的健康不利
	9. 其他单位和个人的过错和过失造成体育运动过程中的意外事故
	10. 学校重智轻体，体育课只是个形式
	11. 传统的教学目标和内容不符合小学生的身心特点，对学生造成各种伤害
	12. 家长与学校没有建构很好的沟通桥梁，校方对学生的身心健康状况不能及时了解
	13. 我国目前小学体育课存在竞技化特点
	14. 体育教师安全意识淡薄
	15. 老师不注重与学生的情感沟通，只是一味地灌输式教学
	16. 体育课不重视给学生讲授卫生保健知识
	17. 体育教学中老师很少对教学内容做详细、丰富的讲解，基本上放任学生自己活动
	18. 体育运动更多的是在引导学生之间进行竞赛而不是团结合作
	19. 教育经费不足，学校难以承受学生发生事故后的赔偿费用

1.2.2.3　小学体育运动安全保障研究

近年来，学校体育工作者已经从宏观、微观两方面对小学体育教学安全事故进行了全面的研究分析。我国学者对小学生体育运动安全的研究主要集中在"小学生体育运动安全防范"等一系列问题上，提出的安全防范措施主要集中在老师、学生和场地器材三个方面。研究的主要目的是控制和预防小学体育教学安全事故的发生，以保障学校体育教学工作的顺利开展。这些研究为笔者研究湘西地区小学体育运动风险与防范研究提供了丰富的素材和经验。表 1-3 为相关学者总结的我国小学生体育运动安全防范措施。

表 1-3 小学生体育运动安全防范措施[20]

来源	安全防范措施
学校	1. 加强安全文化建设，渗透到教学活动当中
	2. 认真做好学生、教师、家长的安全教育工作
	3. 重视普及预防突发事件的知识，加强防重于治的宣传工作
	4. 加强医务监督和严密有效的组织管理
	5. 定期检查和维修体育设施，确保学生在安全的环境下活动
	6. 建立体育卫生健康卡，及时掌握学生的身体状况
教师	1. 教学时做好安全教育，指导学生进行安全规范的体育运动锻炼和学习
	2. 教学时做到组织有序、设计合理、方法得当
	3. 认真钻研教材，做好示范动作，加强基本技术教学
	4. 带领学生认真做好准备活动和整理活动
	5. 正确掌握学生的心理特点，及时对学生的行为进行预测和控制
	6. 每节课进行例行检查，包括场地器材检查与学生自我检查
	7. 正确传授技术动作，及时纠正学生的错误动作
	8. 严禁体罚
	9. 教学做到因地制宜、因人制宜、量力而行、科学锻炼

1.2.2.4 学校体育风险管理研究

风险管理是指在对风险的不确定性及可能发生的各种因素进行考察、预测、收集分析的基础上制定出包括识别风险、衡量风险、管理风险、有效处置风险及妥善处理风险所致损失等过程的一整套系统而科学的管理方法[15]。学校体育教学组织中的风险管理是指将现代企业风险管理理论与体育教学组织的特点相结合，根据学校体育教学组织过程中的风险分析以及解决方法的途径，提出的学校体育教学组织管理办法[12]。

刘易在《恩施市中小学生体育活动风险防控的现状及对策研究》中对中小学生体育运动风险防控的各层面进行深入细致的研究，发现恩施市中小学生的体育运动意外伤害事故发生率高，学生对体育运动的风险防控意识不足、自我保护意识不强、缺乏相关安全知识的学习，教师预防和控制体育锻炼风险的意识欠缺等问题[16]。许多学者开展了中学、大学体育运动风险管理研究，而针对小学体育教学风险与防控方面的研究非常少。众所周知，小学生安全意识培养非常重要，迫切需求针对农村小学体育运动风险与防范开展研究，针对农村小学体育教学风险与防范的研究更是迫切需要的。本书的体育教学风险与防控的研究为湘西地区农村小学体育教学安全风险与防范研究提供了丰富的素材和经验。

1.2.2.5 体育赛事风险研究

除对赛事风险进行了简单分类和描述外，我国学者借鉴现代风险管理理论和国外大型体育赛事的风险管理经验对体育赛事风险做了大量的探讨。根据研究总结，体育赛事风险管理的过程包括制订风险管理计划或风险预警机制；进行赛事风险的识别与评估，即先列出所有的风险条目，再依据发生的概率、危害程度和测验能力对风险进行量化评级；确定合理可行的风险应对策略；对风险管理计划实施过程进行监控和检查。史悦红[21]指出，目前我国的体育赛事风险管理还存在风险意识淡薄、管理不全面、忽视赛前风险、社会参与程度不高、管理流程化、团队合作不足等诸多问题。为应对赛事风险，管理者在宏观上主要建议完善风险管理相关制度与运行机制，培养相关人才等；提出增强体育赛事风险管理意识、完善体育赛事风险管理制度、构建体育赛事风险预警机制、培养体育赛事风险管理人才等我国体育赛事风险管理水平的提升对策。基本应对策略一类为控制型措施，包括风险规避、损失控制和控制型风险转移；另一类为融资型风险，包括风险自留、保险、套期保值和其他合约化风险转移手段。从发生概率、危害程度与可预测能力三方面来说，低级别赛事风险往往选择风险自留或给予适当的风险监控；中级别的风险可以提前对风险采取控制，以减少风险的发生，降低损失；高级别的赛事风险主要通过保险、合同或其他形式进行转移，难以转移且后果严重的要尽量规避。

2008年奥运会开始前，我国学者对北京奥运会管理工作展开研究，围绕与体育紧密相关的"学校体育伤害事故事件频发""体育产业市场化改革困境"等热点话题展开了大量研究，具有典型的事件驱动性特征。西方的现代风险管理理论与风险控制论、风险认知论等理论是研究的基础。专家们在这些理论的基础上结合研究实践对相关概念进行了属加种差的定义归纳，对风险管理技术进行了本土化改进，并广泛应用于对体育赛事风险、运动员参赛风险的管理实践中，为我国体育风险的管理实践提供了重要指导。

湘西地区是湖南省经济欠发达地区，大部分城镇是国家重点扶贫对象。有些地区的经济发展和基础教育水平相对较低，学校师资和基础设施相对薄弱，因此对该地区农村小学体育安全管理研究具有一定的价值。加强对湘西地区农村小学体育运动风险管理的研究有助于减少农村地区小学体育教学运动伤害事故的发生，为湘西地区农村小学体育安全教育提供一些思考，以期在体育教学实践中规避体育教学安全事故的发生，推动基础教育进一步改革。

1.3 研究意义

1.3.1 学术价值

第一，本部分对湘西地区农村小学体育运动安全现状进行了研究，探讨了湘西山区农村小学生体育运动安全的本质和发展规律，丰富了体育运动安全管理理论。

第二，本部分的研究为本土化体育运动风险应对理论提供了参考，充实了小学体育运动风险应对的理论体系。

第三，本部分的研究为湘西地区农村小学安全管理工作提供了针对性的理论参考依据，为健全学校体育运动伤害风险防范机制，保障学校体育工作健康有序开展提供指导。

1.3.2 应用价值

第一，研究提升了社会对小学体育运动安全的关注度，促进了该地区小学体育运动风险管理体系的建立。有助于减少小学体育教学中出现的安全问题。

第二，从系统的角度促进了湘西地区农村小学体育运动风险管理研究的时效性和准确性，提高了农村小学学校体育从业人员、学生的运动风险管理意识和能力，保障了湘西地区农村小学学校体育工作的健康有序开展。

第三，研究为湘西地区各级各类学校、体育教师保障学生学校体育运动安全提供了实践依据，为其他地区学校体育风险管理研究提供了实践参考依据。

1.4 研究内容

本部分湘西地区农村小学体育运动风险管理研究主要是对湘西地区农村小学体育运动的风险识别、风险评估和风险应对的研究，构建了武陵山区农村小学体育运动风险的管理机制。本部分的研究内容包括以下三个部分：

1.4.1 湘西地区农村小学体育运动风险识别研究

笔者对湘西地区农村小学进行了实地调研，分析了湘西地区农村小学体育安全现状和存在的问题。以风险管理理论为指导，借鉴了石岩教授的体育运动风险评估表，设计了湘西地区农村小学体育运动风险评估表作为风险识别工具。在湘西地区农村小学体育安全调研的基础上，主要从教师、学生、环境和学校管理四类风险方面进行全面判断和归类检查，对湘西地区农村小学体育运动风险产生的原因、条件、民族特征和项目特征、主要风险源等进行识别。

1.4.2 湘西地区农村小学体育运动风险评估研究

在风险识别的基础上，笔者编制了湘西地区农村小学体育运动风险评估表对湘西地区农村小学体育运动风险进行评估，采用列表排序法和帕雷托分析法量化学生风险、教师风险、环境风险、学校管理风险四类风险因子，对武陵山区农村小学生主要运动风险因素、风险等级和体育运动的风险量、风险的后果以及风险的可控性等进行全面、合理、有效的风险评估。

1.4.3　湘西地区农村小学体育运动风险应对研究

在对湘西地区农村小学体育运动进行风险识别、风险评估的基础上，从宏观、中观和微观三个方面构建了以政府、学校、公众社会、家庭和个人等为责任主体的共同应对湘西地区农村小学体育运动风险的体系。

第 2 章 研究方法

2.1 实地调研法

笔者在湘西地区农村小学实地调研了该地区农村小学学校体育教学及安全教育问题。

2.2 文献资料法

笔者通过网络、书刊和报纸等，搜集、阅读、整理了有关风险管理理论、武陵山区发展相关政策、体育运动安全、安全教育、运动风险等方面的资料。

文献资料主要来源于国家图书馆、中国学术期刊网、中国科技期刊数据库、百度搜索引擎、体育专业报刊与新闻报道等。

2.3 专家访谈法

笔者分别对学校体育学专家、湘西地区小学生、学校体育管理者和体育教师等对象进行访谈，访谈内容主要涉及对湘西地区农村小学体育运动安全问题的背景、现状与成因的认识以及对农村小学体育运动风险管理的建议等。

2.4 问卷调查法

笔者结合湘西地区小学学校体育发展特点，编制了湘西地区小学生体育运动风险检查表、湘西地区农村小学体育运动风险评估表开展问卷调查。对风险的发生原因进行总结和归纳后，汇总体育运动中小学生、教师、学校管理、环境四个方面可能出现的运动风险源；小学生体育运动风险评估表采取列表排序法，让调查对象采取 5 级评判的方法，对预先识别的风险发生的可能性、严重性和可控性逐项打分，然后将 3 个分值相乘，得出不同风险的汇总风险量。风险量值越高，表示风险越大。

2.4.1 抽样方法

本书以学校实习基地为依托，利用学校师范生在湘西地区农村小学进行实践教学活动的机会，在对领导、体育教师、学生深入访谈的基础上，随机选择湘西地区 48 所小学的学生、体育教师、管理者发放调查问卷，以了解湘西地区农村小学体育的开展状况及运动安全的现状。

2.4.2 问卷设计与基本内容的确定

根据本书的研究目的，笔者结合湘西地区农村小学体育教学活动的特殊情况，把湘西地区体育运动的安全问题看成一个系统，收集相关资料，设计了一套针对湘西地区农村小学体育运动风险的问卷。问卷设计完毕后，请学校体育学专家对问卷进行了指导和判定，根据专家提供的建议和意见，对问卷进行了多次修改，初步确定了湘西地区小学生体育运动风险调查问卷。

问卷的内容包括两个部分：第一部分是湘西地区体育教学基本情况，包括体育教师基本情况、体育教学开展情况、体育场地器材情况等；第二部分是湘西地区小学生体育运动风险源，包括体育教师、学生、环境和管理四个方面。

2.4.3 问卷的效度及其检验

为了了解各种风险源对湘西地区小学生体育运动产生的影响，在对小学生体育运动风险进行识别后，对存在的这些风险问题进行评估，确定这些风险源对小学生体育运动风险的影响程度。

将问卷所设问题向相关专家进行了咨询，并对问卷进行了"很合理、比较合理、一般、不合理、非常不合理"五个等级的评价。

2.4.4 问卷的发放与回收

笔者利用学生顶岗实习的机会，选取了48所小学，涵盖了湘西大部分地区，包括所辖区的吉首市、龙山县、永顺县、古丈县、保靖县、花垣县、泸溪县、凤凰县（见表2-1）。本次共计发放学生问卷990份，回收有效问卷690份，有效回收率约为70%。

表2-1 调查学校区域分布情况

分布区域	学校名称
吉首市	双塘小学、丹青镇排绸小学、光明小学、第二小学、古韵民族小学
龙山县	万坪镇中心小学、水田乡小学、实验小学、第五小学、里耶小学、大安乡中心小学、白岩书院小学
永顺县	芙蓉镇完全小学、首车镇中心完小、万福中心完小、盐井乡中心完小、官坝中心完小、砂坝镇中心完全小学
古丈县	默戎镇中寨村小、双溪乡中心完小、高峰乡中心完小、高林乡中心完小、断龙山乡中心完小、红石林镇中心完小
保靖县	清水坪中心完小、隆头乡中心完小、野竹坪镇中心完小、毛沟镇中心完小、葫芦镇中心完小、水田河镇中心片完小
花垣县	花垣县猫儿乡中心小学、大龙洞乡大龙洞中心完小、民乐镇民乐中心完小、龙潭镇龙潭中心完小、麻栗场镇麻栗场中心完小、补抽乡中心完小
泸溪县	白沙希望小学、小章中心完小、永兴场乡中心完小、潭溪镇中心完小、武溪小学、民族实验小学
凤凰县	三拱桥完小、腊尔山完小、吉信完小、木江坪完小、阿拉完小、南华小学

2.5 实地考察法

为了获得湘西地区小学体育教学安全现状的第一手资料，笔者于2018年、2019年利用学校学生在湘西地区顶岗实习的机会对湘西地区的小学进行实地调研，调查团队对体育教师的课堂管理、教学内容、教学方法等展开全面调研，观察学生上课时的精神状态、行为举止等，考察教师上课时教学场地器材的使用和周边的教学环境等，并对观察了解到的情况做好记录且总结归类。

2.6 数理统计法

笔者对调查问卷采用"统计产品与服务解决方案"软件 SPSS 进行分析，对"湘西地区小学体育运动风险源"进行风险量识别，以评估湘西地区小学生体育运动项目的特征、风险量等。

2.7 案例分析法

笔者根据湘西地区农村小学体育运动风险产生的不同原因，通过对发生的体育教学伤害事故案例进行分析，使学校、体育教师、家长对体育运动伤害事故情况有进一步的认识，尽可能地完善中小学学校体育安全管理工作，最大限度地减少中小学生运动伤害事故的发生。

第3章 湘西地区小学体育运动的风险识别

3.1 体育运动风险识别的定义和特征

风险识别是风险主体对所面临的风险以及潜在的危险加以判断、归类和鉴定的过程[12]。风险识别包括两个方面：一是感知风险，确定风险的存在；二是分析风险，即通过归类分析风险产生的原因和条件以及风险所具有的性质[22]。小学生体育运动的风险具有隐蔽性、复杂性、多变性特点[12]，对其进行风险识别会受到体育运动组织者和管理者的专业素质、风险认知、风险洞察力等认知水平的影响。风险识别是否全面、深刻，也将直接影响风险决策的质量，进而影响整个风险管理的最终效果[20]。在进行风险识别的过程中，我们不能仅仅局限于某个对象、某个环节、某个具体的风险，而是要在全面的调查数据的基础上分析体育教学活动中学生参与主体的全部风险。

3.2 小学生体育运动风险来源及类别

要深入全面地了解体育运动风险并对其进行有效管理，首先要对学生在体育运动中的所有风险源（隐形风险源和显性风险源）进行分类。风险的种类通常是指那些可能对小学生体育运动产生负面影响的风险来源，例如场地器材、天气等。目前小学生体育运动风险识别方法主要有历史资料法和文献资料法，一方面，发生在全国各地的小学生体育运动伤害事故信息以不同的形式（如书报、新闻、网络等）保存下来，对此可以采用各种方法进行全面的收集，并进行统计分析研究；另一方面，从文献资料中获得的信息更加直接，其中部分案例研究、统计、剖析了关于小学生体育运动伤害事故原因和小学生体育运动安全教育的现状，可以为体育运动风险识别提供宝贵的依据[10]。目前国内很多学者已经从案例分析视角搜集了学生体育运动风险来源，并进行分类整理和分析研究，取得了一些研究成效。闫建华等通过识别学校体育运动风险，提出了风险预防、损失抑制、风险转移三种应对措施，并设计建立了学校安全巡查制度等具体的应对策略[23]。

根据风险发生的来源，可以把学生体育运动风险分为内部风险和外部风险。内部风险主要是指由于个人或组织的过失、疏忽、恶意等不当行为而给体育运动造成的风险[10]。根据体育运动参与的主体，可以把体育运动风险来源分为教师、学生、环境和学校管理四个方面，其中学生、学校管理和教师是内部风险源，来自教师方面的风险主要包括教学能力风险（技术风险、管理风险、教学经验风险）、心理风险和教师自我管理风险；学生自身的风险包括行为风险、健康风险、心理风险；校方的风险主要是管理经验风险。外部风险主要指学校环境，包括体育运动场地、器材风险和主体参与运动的环境风险。本书主要从风险来源方面对湘西地区体育运动风险展开调查研究。

3.3 小学生体育运动风险识别方法

相关学者对小学生体育运动风险的评估通常采用风险评估表，通过前期调查和查阅资料把影响学生体育运动的许多潜在风险源列在一张表格上，风险管理人员通过预先咨询和现场访谈进行风险检查，用于确定某项运动是否存在列表中的问题或类似的问题，使风险管理人员能够专注于确定常见的、已知的和可预测的风险[12]。为了有效地进行小学生体育运动风险识别，笔者利用学生在湘西地区实习的机会，预先组织学生对湘西地区小学体育教学现状展开调研，根据调研中存在的体育运动相关问题按照风险检查表的要求编制湘西地区小学生体育运动风险检查表。

笔者对收集到的文献资料和调查结果进行分类整理，根据湘西地区小学生体育运动风险源，形成湘西地区小学生体育运动风险检查表（初稿）。为了确保该表的有效性，利用湘西地区小学体育教师参加湖南省小学优秀体育教师培训的机会请部分小学教师和校长对初稿进行了审阅，并根据一线老师们的意见对风险源进行了修改，最终形成湘西地区小学生体育运动风险检查表。

3.4 小学生体育运动风险检查项目

笔者通过查阅资料确定小学生体育运动风险项目后，主要从教师、学生、环境和学校管理四个方面进行归类整理，借用石岩[20]的小学生体育运动风险检查表条目（见表3-1），研究主要采用问卷调查法让体育教师对学生体育运动风险项目进行选择。

表3-1 小学生体育运动风险检查表检查条目[20]

风险来源	风险种类	风险项
教师	教学经验风险	课前准备不充分，教学无计划
		课前对场地器材和学生个人安全卫生检查不严格
		在体育运动过程中不重视对学生不良习惯的纠正
		不考虑季节气候的变化，对学生照顾不周
		教学中对学生缺乏安全事项的讲解
		上课纪律松散
		教学内容超出大纲，对学生要求过高
		忽视正确的准备活动
		示范动作不到位，对学生的错误动作不能及时纠正
	教学技术风险	对学生缺乏正确的保护和帮助
		不善于发现体育运动中出现身体异常的学生，忽视学生身体素质和健康状况的差异
		对运动时间和运动负荷缺乏合理的调节和控制；情绪失控，体罚学生

表3-1(续)

风险来源	风险种类	风险项
教师	自我管理风险	对学生缺乏热情、耐心
		其他原因导致心情不好而把情绪发泄给学生
学生	行为风险	对运动器材设施的使用方法不了解,擅自使用
		不认真听老师的讲解、示范,注意力不集中
		不按规定完成练习,急于求成
		不遵守纪律
	自我保护风险	自我调节和自我保护的能力较差
		因睡眠或饮食问题而间接导致伤害事故
环境	运动场地风险	体育运动场地畸形,布局不合理
		体育运动场地太小,学生运动非常拥挤
	体育器械风险	体育器械的设计不合理、安装不牢固
		体育设施、器械陈旧、破损
		体育器械的分布、位置、距离不合理
学校	学校管理风险	缺乏对教师、学生的安全教育和安全指导
		重智轻体,体育课对学生放任自流
		医务监督不力,体检工作不能落到实处
		对体育运动环境、设施的监管和维护失效
		和家长存在沟通障碍,不能及时了解学生的状况

3.5 湘西地区农村小学生体育运动受伤情况评估

在被调查的湘西地区48所农村小学生中,统计发现(见表3-2),有95.7%的小学生在学校体育运动中受过伤;52.9%的小学生有过3~4次的受伤经历,受伤5次以上的占16.7%;而从来没有受过伤的学生仅为4.3%。由此可见,湘西地区农村小学学生体育运动受伤频率比较高,也说明要从根本上彻底消除学生受伤是非常有难度的。每一起学校体育教学安全事故的发生都会产生多方面的负面影响,这也就对学校、体育教师在保障小学生体育教学安全方面提出了更高的要求，需要进一步加强学校管理，提高学校领导和教师的风险意识。

表 3-2　湘西地区小学生体育运动受伤频率调查统计一览表（N=690）

受伤频率	人数/个	百分比
0 次	30	4.3%
1~2 次	180	26.1%
3~4 次	365	52.9%
5 次以上	115	16.7%

3.6　湘西地区小学生体育运动风险识别问题讨论

由于运动风险在体育运动中是不可避免的，想要有效地解决运动风险，不能一味地采取消极手段，对体育运动中的风险进行科学的管理才是应对风险的最好途径。

风险管理的第一步就是风险识别，风险识别也是风险规避与控制的重要前提[24]。因此，只有对湘西地区农村小学体育运动风险进行有效识别，找出造成体育教学风险的潜在因素，才能尽量减少学校体育运动伤害发生的次数及降低事故发生所造成的严重后果，使学校体育教育可健康持续地发展。而农村和偏远地区的小学生在体育运动中涉及的风险因素较多，对其运动中的风险源进行风险识别更加复杂和困难。尤其是体育与健康课程改革倡导在开展运动时，采用丰富多样的组织形式，通过改变学生的学习内容和学习方法，丰富体育运动中的乐趣，通过各种方式培养学生对运动的兴趣。随着基础教育改革的不断推进，小学生参加体育运动过程中发生的风险事件也在不断增多，风险的类型和程度也在发生变化，因此对小学体育运动的风险识别也必须是一个连续动态的过程，许多复杂的和潜在的风险需要多次识别才能筛选出来，尽可能找出主要风险是小学生体育运动风险识别的重点[12]。

湘西地区农村小学体育师资素质、场地器材、教学内容、家长对体育的认知等都成为小学生体育运动的潜在风险源。随着体育与健康课程改革的推进，农村小学体育课堂也发生了变化，体育风险事件、风险类型、风险重要性程度等都发生在学校体育运动的组织过程中，而体育运动风险事件的类型、重要性等因素都给体育运动风险识别带来困难。湘西地区小学生体育运动风险量表的编制目的就是识别小学生体育运动的风险，帮助小学体育教师在体育运动实践中对体育运动的风险做出更全面的判断和预测。作为识别湘西地区农村小学生运动风险的重要工具，湘西小学生体育运动风险检查表不仅有助于武陵山农村地区体育教师对小学生体育运动进行充分的课前准备，而且有利于该地区体育运动发生安全问题后的归因分析，进而为客观、全面地分析小学生体育运动伤害事故以及有针对性地提出风险应对措施和提供合理的学校管理预防方案奠定基础。

第 4 章　湘西地区小学生体育运动的风险评估

小学生体育运动过程中的安全问题会受到学校环境、学校管理、教师、学生、天气等诸多因素的影响，对其进行风险评估需要对存在的风险进行量化，进而识别出哪些风险因素是影响小学生运动安全的主要因素。

4.1　湘西地区小学生体育运动风险评估内容

在收集小学生体育运动风险源的过程中，检查表里每项风险发生的概率似乎都很小，甚至看起来几乎不会发生，但当大量的小概率风险事件累积在一起时，发生的概率就非常大了，就很可能形成必然事件[12]。风险评估是指在风险识别的基础上，运用定量分析和定性分析相结合的方法，通过收集大量详细的数据进行分析，对小学生体育风险发生的概率和损失程度进行估计和预测。

小学生体育运动的风险评估内容包括以下三个方面：第一，风险发生的可能性分析，通常用概率表示风险发生可能性的大小；第二，风险的影响和损失分析，分析风险发生的后果的严重程度及可能带来的损失，某些风险发生的概率不大，但一旦发生会造成恶劣影响，如学生猝死事件；第三，风险可控性分析，风险原因研究是为风险预测、提出风险应对策略服务的。[12] 在小学生体育运动的风险来源中，有些风险是完全可控的，如通过细致的课前检查工作可以防止学生因为场所器材准备不充分造成运动伤害，充足的课前准备活动可以最大程度上避免运动损伤的发生，但有些风险是不可控的，如自然灾害风险。

4.2 风险评估的方法

目前，对体育教学风险评估主要采用列表排序法。列表排序法就是用逐项评分的方法来量化体育风险的大小，即事先确定评估标准，由专家小组一起对识别的风险发生的可能性、严重性和可控性指标进行打分，然后将3个分值相乘，得出不同风险的风险量[20]。打分后累计得出的风险量值越高，表示风险越大[20]。

风险量（R）评估计算公式是：

$$R = P \times S \times C$$

式中，P 为风险发生的可能性；S 为风险发生的严重性；C 为风险发生的可控性。

本书借鉴石岩教授的《中小学体育运动风险管理》的方法，从教师、学生、学校管理、运动环境等四个方面对小学生体育运动的风险进行了评估。具体要求是请体育老师根据学生参加体育运动实际会发生的情况，评估小学生进行体育运动发生风险的可能性、严重性和可控性，按照要求在相应的空格内填上相应的数字。例如，认为某一项体育运动风险发生"有点可能""不太严重""较易控制"，在后面的空格内分别填上3、3、2即可。若还有未列入的体育运动风险源条目，请调查对象补在列表后面并进行评估。

4.3 湘西地区小学体育运动的风险评估结果分析

风险评估是在风险识别的基础上，用定量分析和定性分析结合的方法，估计和预测风险发生的概率和损失程度[25]。根据湘西地区小学生体育风险检查表，采用常用的列表排序法和逐项打分法对小学体育运动的体育风险进行量化。

4.3.1 湘西地区小学生体育运动项目风险评估结果

对湘西地区小学体育课开设的九类教学内容的教学风险进行调查并排序，按照排序结果把湘西地区小学生体育运动的项目风险分成三大类。表4-1中列出了湘西地区小学生体育运动受伤项目的统计信息。

表4-1　湘西地区小学生体育运动受伤项目统计一览表（N=690）

受伤项目	第一	第二	第三	第四	风险量（均分）	排序
自由活动	125	89	128	89	43.1	1
足球	134	136	40	98	40.8	2
篮球	123	112	34	67	33.6	3
田径	98	110	67	59	33.4	4
排球	110	56	89	40	29.5	5
羽毛球	78	67	88	55	28.8	6
跳绳	84	60	23	10	17.7	7
乒乓球	29	76	54	15	17.4	8
跑步	46	84	20	13	16.3	9

◎第一类：高危项目，包括自由活动、足球、篮球三大项。

第一位：自由活动；

第二位：足球；

第三位：篮球。

◎第二类：中危项目，包括田径、排球、羽毛球三大项。

第一位：田径；

第二位：排球；

第三位：羽毛球。

◎第三类：低危项目，包括跳绳、乒乓球、跑步三大项。

第一位：跳绳；

第二位：乒乓球；

第三位：跑步。

4.3.2　湘西地区体育运动场所风险评估结果

对湘西地区小学生的体育运动参与的五个场所的风险进行调查并排序（见表4-2），按其场所的风险程度分为高危场所、中危场所、低危场所三类。

◎**第一类：高危场所，包括两个场所。**

第一位：体育社团或自主体育锻炼；

第二位：学校组织的体育竞赛。

◎**第二类：中危场所。**

第三位：课外体育运动。

统计发现，在学生自主的课外体育锻炼和课外体育运动中，学生发生运动受伤的比例较高，也进一步说明学生的安全意识不够，缺乏自我保护能力，学校的安全教育工作需要进一步加强和落实。

◎**第三类：低危场所，包括两个场所。**

第四位：体育课堂教学；

第五位：学校组织的训练。

表4-2　小学生体育运动场所风险的学生评估结果

场所	频数	排序
体育社团或自主体育锻炼	303	1
学校组织的体育竞赛	201	2
课外体育运动	132	3
体育课堂教学	34	4
学校组织的训练	20	5

4.3.3　湘西地区小学生体育运动风险致因评估结果

从体育教师、学生自身、学校管理、场地器材四个方面入手，对小学生体育运动风险的致因进行量化排序（见表4-3）。

对风险致因进行风险源识别排序，筛选出有代表性的九种致因并按照影响程度进行排序：

表4-3　小学生体育运动风险致因

风险致因	百分比	排序
体育课上的安全保护措施不够	75.40%	1
部分学生对体育保健知识了解很少，缺乏自我保护和调节的能力	67.20%	2
课堂上教师没有明确的教学任务，让学生自由活动，教师也没有严加管理或对某些情况没有及时制止	63.90%	3
体育场地不符合规范要求，设施陈旧	62.30%	4
学生的纪律松散，擅自进行与课程无关的活动	62.30%	4
学生没有掌握正确的锻炼方法和要领，对自己的体能不能准确地估计，技术动作不正确或动作突发性失常	54.10%	5
其他同学的过错或过失	54.10%	5
体育教师的教学手段不科学、教学组织不严密	49.20%	6
学生自身有特异体质或特定疾病而不告知	47.50%	7
学生主观上不遵守纪律，不按规范的动作要求学练	44.30%	8
学校和教师在日常工作中对体育工作的安检和教育工作力度不够	41.00%	9
我国目前所存在的竞技化的体育学习内容	30.10%	10
体育运动本身存在一定的危险性，学生在体育运动中发生纯粹的意外事故	27.90%	11
其他单位或个人有重大过错或过失对体育运动中的学生造成伤害	23.00%	12
来自自然界的不可抗力因素	23.00%	12
体育教师对技术动作讲解示范不够	20.30%	13
教师教学超出教学大纲，对学生提出过高的要求	18.30%	14
学生因睡眠和饮食的质量欠佳而引起的精神状态不好间接导致伤害	4.30%	15
体育教师在体育课上体罚或变相体罚学生	0.20%	16

◎**第一类：最重要致因。**

第一位为安全保护不力风险，调查项目中"体育课上的安全保护措施不够"风险致因占75.4%；第二位为安全知识匮乏风险，"部分学生对体育保健知识了解很少，缺乏自我保护和调节的能力"风险致因占67.2%。由此可以看出学生的安全意识和安全知识不够是最主要的因素。

◎第二类：次重要致因。

第三位为教师管理因素，检查项目中"课堂上教师没有明确的教学任务，让学生自由活动，教师也没有严加管理或对某些情况没有及时制止"风险致因占 63.9%；第四位为场地因素风险，还有"学生的纪律松散，擅自进行与课程无关的活动"风险致因都占 62.3%。调查发现，湘西地区农村小学体育场地拥挤、场地不达标是引起学生运动风险的重要因素。

4.3.4　湘西地区小学生体育运动风险性别与受伤部位评估结果

4.3.4.1　湘西地区小学生体育运动风险性别评估结果

调查发现，受伤的学生性别存在差异，男生的比例高达 76.25%。活泼好动是少年儿童的共同特点，由于男生女生生理功能结构的差异，体育运动对小学生的身体影响表现出明显的性别差异。男女生的差异在低年级表现得不是很突出，随着年龄的增长，高年级的男生通常更喜欢参加体育运动，他们在体育运动中表现出的不知疲倦和冒险的年龄特征，导致其对体育运动安全潜在风险认识不够，并且发生受伤的可能性更大，比例也更高。其中，女性的踝关节和膝关节比男性更易受伤，是因为女性关节松弛度高，关节周围肌肉力量不均衡，而且膝关节髁间窝狭窄，落地时膝关节内扣等。相比之下，男性大后侧肌群损伤多发，主要因为男性大腿后侧肌肉柔韧性差，疲劳状态下的爆发力动作多发[26]。小学生参与体育运动，追求的不仅仅是增强体质，他们更多的是想在运动中表现自己，展现自己的个性。低年级阶段的女生的体能等各项生理指标优于男生，但随着年龄的增长，身体发育和心理成长使得她们更倾向于安静，会很少参与具有危险性质的活动，因此高年级女生出现体育教学安全风险的可能性低于男生。

对于性别不同造成的运动损伤，教育主管部门、学校、老师、家长和学生应该正确认识，不要因为害怕运动损伤而逃避参加运动锻炼，因为即使是运动猝死这样严重的运动损伤其占所有猝死类型的比例也是相当低的[26]。各种运动损伤，包括运动中猝死，只要掌握正确的运动和健身方法，完全是可以避免的[26]。相比之下，与其关注性别差异，体育教师更应该培养学生养成良好的体育运动习惯，比如培养学生开始运动前对自身的健康状况及体适能水平进行评估，并选择合适的运动项目内容。体育教师应该教会学生科学锻炼身体的基本知识，比如每次运动时，都应充分做好运动前的热身活动和运动后的整理活动，并根据身体状况安排合理的运动强度和运动量，特别是身体状态不佳时不宜剧烈运动，感冒发烧时不宜运动。此外，教师在体育运动中要利用各种教学方法调动学生注意力，合理安排运动内容和运动负荷。学生学习并掌握正确的运动技术动作也可以预防运动损伤。

4.3.4.2 湘西地区小学生体育运动损伤部位评估结果

通过对曾经在体育运动中发生过运动损伤的同学进行调查统计发现，最易发生运动损伤的部位是脚踝，有149名同学脚踝受伤，占受伤人数的48.1%。其次是手腕和手指，分别占受伤人数的36.1%和25.8%，排在第四的是手肘，占受伤人数的21.2%，不难看出，易受伤部位排名前四的都是关节部位（见表4-4）。其余易受伤部位依次是：肩、颈部、头部、腰部和膝盖、小腿、其他。在体育教学过程中，湘西地区的体育老师和同学们在运动中应该注重对关节部位的重点防护，做好准备活动，充分活动关节，掌握运动时的紧急避险方法是体育教学安全的关键。

4.4 湘西地区小学体育运动风险致因评估

体育运动中风险源主要来自教师、学生、教学环境三个方面。

4.4.1 湘西地区小学体育运动教师风险评估

利用学生顶岗实习机会，笔者选取了48所小学，涉及吉首市、龙山县、永顺县、古丈县、保靖县、花垣县、泸溪县、凤凰县，利用问卷形式开展调查工作，共收集了61份体育教师调查问卷。基本情况见表4-5。

表4-4　小学生体育运动受伤部位调查统计表

受伤部位	人数/个	百分比	排序
脚踝	149	48.10%	1
手腕	112	36.10%	2
手指	80	25.80%	3
手肘	66	21.30%	4
肩	42	13.60%	5
颈部	24	7.70%	6
头部	22	7.00%	7
腰部	10	3.20%	8
膝盖	10	3.20%	8
小腿	9	2.90%	9
其他	6	1.90%	10

表4-5　基本师资情况统计（N=61）

基本资料	类型	人数	百分比
性别	男	16	26.2%
	女	45	73.8%
年龄	20~30 岁	13	21.3%
	31~40 岁	15	24.6%
	40 岁以上	33	54.1%
教龄	1~5 年	3	4.9%
	6~10 年	10	16.4%
	11~15 年	6	9.8%
	16~20 年	12	19.7%
	20 年以上	30	49.2%
职称	一级教师	33	54.1%
	二级教师	23	37.7%
	高级教师	5	8.2%

调查发现，湘西地区女体育教师多于男体育教师，30岁以上的体育教师占78.7%，教龄在5年以下的占4.9%，教龄在6~10年、11~15年的分别占16.4%和9.8%，教龄在20年以上的占49.2%。可以看出湘西地区的体育教师结构，40岁以上的教师占主体，一级教师职称的占54.1%，二级教师职称的占37.7%，高级教师职称的占8.2%。笔者带队在湘西地区检查实习时，通过与教师访谈发现，很多体育老师是兼职体育老师，体育专业毕业承担语文、数学、英语等课程教学任务的情况较多，鲜有专任体育教师，所以高级职称占比较低，体育专业教师职称大部分集中在一级和二级。学生在实习期间调查发现，湘西地区农村小学基本情况如下：

（1）湘西地区农村的小学教师老龄化现象明显。从调查的48所小学看，20~30岁的青年教师占21.3%，这些教师的毕业时间不长；40岁以上的教师占54.1%，而40岁以上的中年教师在工作中会受到收入、住房、子女教育等因素的影响，往往不能将百分百的精力投入到工作中。

（2）湘西农村小学体育教师严重缺乏。访谈中很多教师反映，目前湘西地区许多农村小学没有体育、音乐、美术等学科的专任教师，主要原因是教育局对体音美专业的编制配置政策的不公平性、农村教师流动的单向性。教育局每年新招的青年教师不愿意去偏远的农村教书，而每年都有一些年轻的农村骨干教师被县级小学挖走，近年来湘西地区农村学校很少配备有专业的体育教师，尤其是一些有一定教学能力的青年教师流入了城市学校，使农村学校教师的年龄结构和学科结构失衡，使非语言教学的教师难以成为专业人才[27]。目前大部分学校的体育课都由其他课程的教师兼任，体育课形同虚设的问题比较严重，主要体现在：主课教师随意占用体育课、体育课时间主要让学生自由活动、体育教学没有计划性和组织性。

（3）湘西地区农村小学教师的学历不高。教育部门要求，小学教师应具有大专学历，但湘西地区小学教师队伍的整体学历不高。在参与调查的61名小学体育教师（包括兼任体育课程老师）中，第一学历是大专的占比不高，虽然部分教师已经按相关部门要求进修了大专学历，但大部分参加的是自考本科培训或比较容易考的文科专业，很少有老师进行体育专业本科或者研究生考试学习，而且大部分老师进修只是为了提高文凭，专业知识和专业技能并没有得到提高。由于学历低而导致教学能力差的现象在湘西少数民族地区中小学中较为严重，特别是乡镇和农村小学体育教师的学历达标率不足50%，他们有些是从当地高中毕业生中请来的临时代课教师，缺乏系统的专业知识和科学的教育观念，课堂教学内容方法陈旧、教育教学能力差[28]。

（4）湘西地区农村小学教学条件差。有的小学还没有通电，不少学校离乡镇远，生活不方便，学校的福利差，物质文化生活水平不高。湘西地区由于气候原因，有的地区阴雨天较多，体育场地条件较差，有的学校仍然是泥土操场，学生体育运动场地受限，体育器材老旧等现象普遍存在，场地器材客观的现实问题也为学生体育运动的开展带来了一定的困难。尤其是少数民族地区学校的体育场地建设远远低于国家规定标准，这些学校体育教学开展的物质基础非常薄弱，严重影响了体育教学质量和课外体育运动的开展，也为学生体育运动带来了安全隐患。师资配备数量不足、学历偏低、教学能力低、场地器材严重不足是制约湘西少数民族地区学校体育发展的主要原因。

4.4.1.2 体育运动风险教师风险认知调查结果

体育教师风险认知是指在体育运动中，体育老师对不同体育运动项目存在的各种潜在的客观风险的直观判断和主观感受[29]。从文化原型背景中，研究者根据人们在不同的风险主题中的特定立场，建构出很多风险类型的理论分类。风险的社会学分析把对风险的社会判断与个人或社会的利益和价值联系在一起；而文化视角假设的文化方式构建了个人和群体组织的思想倾向，从而使他们接受了某些价值[29]。从这个角度来看，体育教师需要面对的体育运动风险类型主要有：第一种类型是命运决定型，这一部分的体育老师通常是宿命论的认定者，他们觉得生活就是碰运气，不用刻意思考风险的存在，"点背不能怨社会"是他们心理的真实写照。第二种是企业竞争型，体育运动风险与竞技体育比赛风险有很大的不同，由于较多体育教师有竞技运动的背景，因此面对风险时认为风险能提供收益，接受风险才能换得收益。第三种是官僚主义型，体育教师不乏在单位中兼有行政职务的角色，这种角色使得他们常常把风险与制度结合在一起。第四种是公平主义型，他们不允许有任何风险因素存在，也就是说风险必须避免。最后一种是无所谓类型，由于他们的倾向性不确定，而游离于前四者。

表4-6 重要的风险定性特征

定性特征	影响方向
个人控制	提高风险容忍度
制度控制	取决于对各种制度结构的信心
自愿度	提高风险容忍度
熟悉程度	提高风险容忍度
恐惧	提高风险容忍度
风险和收益的不公平分配	取决于个人效用，拒绝风险的强烈社会动机
风险源的人为性	旁人对风险的注意，常常会降低风险容忍度
归咎	提高了对社会和政治责任的诉求

4.4.1.3 湘西地区小学生体育运动风险教师致因评估结果

(1) 教师的安全认知不足。

◎案例一：

2019年，泸溪县××小学，一名小学三年级的女生在上体操练习课做前滚翻动作时，裤兜里装的图书钉扎入腹部造成腹部流血不止，被老师和同学送往医院救治，一个月后才康复。经查，该任课老师未对学生的着装和携带物品进行提醒，忽视课堂常规造成了严重的后果[33]。

综合分析：三年级的小学生安全意识缺乏，自己没有意识到口袋里的图书钉会给运动带来潜在的风险；体育教师没有安全意识，没有严格执行课堂常规，属于课堂管理不当，体育教师应对学生受伤负主要责任。

(2) 体育教学缺乏组织管理。

◎案例二：

> 某班学生在体育课上自发开展踢足球活动，不巧一同学用力过猛，将足球踢上了屋顶，当时体育教师不在场，于是学生A自告奋勇去拿，由学生B当人梯。当学生A爬上学生B的肩头时，学生B重心不稳，开始摇晃，双手用力抓住学生A的脚跟，致使学生A脑袋朝下摔在地上。学生A经医院急救虽脱离了生命危险，但脑神经损伤，轻度瘫痪，以后将不能正常上课。

分析：事故发生在正常上体育课的时候，体育教师却不在现场，导致对学生的行为没有及时制止，学校有不可推卸的责任，学校应对学生的事故负主要责任。类似这样的教学事故，在中小学中可以说是屡见不鲜。调查中还发现，不少体育教学中没有明确的教学任务和具体的教学内容，课堂以学生自由活动为主，有的体育教师对学生某些不安全行为没有及时制止，体育课上学生自由活动的时候甚至有些体育教师不在现场。调查发现，没有体育运动风险意识、没有对学生进行体育安全教育、上课前对场地器材检查不到位等都是教师造成的学生体育运动存在风险的主要风险因素。

笔者在实地访谈中了解到，一方面，体育教学中体育教师需要组织至少50个活泼好动的学生在室外活动，活动过程中人数多、活动范围大、外界环境复杂多变都可能导致学生在体育运动中受伤；湘西地区的少数民族小学生偏多，他们性格更加活跃、勇敢且富有冒险精神，体育教学中其他学科教师兼任了体育教师，因其教学管理能力和教学组织能力欠缺，所以学生在体育运动中发生体育伤害事故的潜在风险更大。当然，要保证每次课每个学生都能在体育教师的管理下完成体育运动，客观上存在一定的难度，但是体育教师可以通过教学常规管理、教学组织手段和教学内容等一系列措施尽可能地降低学生发生运动风险的可能性。比如教师在每次上课前认真备课；上课前，认真检查现场设备，如场地是否平整，有无障碍物，设备安装是否牢固，放置是否恰当[10]；每次体育课前严格检查学生的服装要符合运动要求、是否携带了影响体育运动的风险物品等。课堂常规的严格执行能提高学生的风险意识，稍有疏忽就有可能发生学生体育运动风险。同时体育课堂常规的落实是对体育教师专业素养的基本要求，也体现了一个体育教师的专业能力。学校需要规范教学安全管理，从日常教学管理方面提升教师的安全意识。另一方面，参加工作时间短的年轻教师缺乏教学经验，课堂组织的管理能力较差。调查中发现，湘西地区大部分小学教师在体育教学中没有明确的教学任务和教学内容，除了学习广播体操外，学生的体育课大多是自由活动，发生风险的概率比较大。

（3）体育教学中保护不力。

◎案例三：

> 某小学体育课上，教师指导学生做完准备活动后，向男生讲解了双手倒立动作的要领，然后让男生有组织地练习，自己则去组织女生的活动。男生在练习过程中，一个学生因动作不正确造成颈部扭伤，被送到校医务室后又转送到医院救治。

分析：虽然体育教师在有计划地进行体育教学，但是双手倒立动作属于危险项目，教师在教授过程中，除了要分步骤教会学生动作外，还要教会学生保护的方法和注意事项。男生练习的时候老师在组织女生的活动，不正确的动作和保护帮助不力造成了学生受伤。

体育运动中体育教师普遍存在缺乏对学生的正确保护和帮助、教师动作示范不到位或者示范面不正确、教师没及时纠正学生的错误动作等现象，这是体育教师在动作技术方面面临的主要风险。体育教学中及时的防护和帮助是预防运动风险发生的重要途径。学生的思维、身体素质、运动基础等因素导致了学生在学习过程中学习能力不同。在有风险的技术教学中，如果不及时保护和帮助学生，很容易发生伤害事故；同时教师在教学中教会学生保护和帮助的方法，不仅可以避免伤害事故的发生，而且可以增加学生运动时的安全感，同时也提高了学生在运动中的安全防护能力和意识[10]。学生在学习动作技术时，会出现错误的和不规范的动作，教师根据教学难点的教学设计，进行正确的动作示范，及时纠正学生的错误动作可以降低学生运动损伤的风险。在动作技术教学过程中，教师应针对动作难点进行重点讲解。个别学生的动作出现错误，体育教师要及时进行个别辅导和动作纠正，或者组织这部分学生重复练习动作。教师只有不断提高自身业务水平和教学能力，不断优化技术动作的教学方法，才能从教学角度降低教师动作技术的风险。

（4）教师心理因素。不管是经验方面还是技术方面的风险都存在一些客观原因，反映出教师在应对教学安全问题方面的不足；同时，这也反映出不少体育教师存在心理风险因素。因为人的行为总是受其心理状态支配，当个体在心理消极状态下进行体育运动时，其感知觉、思维和反应的机能就不能正常发挥，会造成认知差错增多，容易导致事故发生。消极的心理状态，往往是引起认识差错而导致事故发生的重要原因[12]。体育教师消极的心理状态也是导致其在体育教学过程当中产生危险行为的重要原因（见表4-7）。

表4-7　体育教师在体育教学中的心理风险因素[34]

心理状态	具体表现
侥幸心理	1. 不严格遵守教学纪律，也不一定会发生事故 2. 只要上课时人在，发生事故也不会被追责 3. 过分自信，相信自己可以阻止事故的发生
思想麻痹	1. 风险认知差，感觉不到教学中潜在的风险 2. 教学工作时间长，不会发生事故 3. 凭经验行事，没有发生过事故 4. 学生自由活动，不会发生风险

风险评估结果统计发现，体育教师的自我管理差是小学生体育教学活动中非常重要的风险源。教师的情绪素养影响着学生的参与风险：情绪失控、体罚学生，将不好的情绪随便发泄给学生，对学生缺乏热情和耐心三个方面的风险因素都被列入学生风险的主要风险源。体育教师的自我管理是通过自我分析、

自我约束、自我反馈达到控制不合理情绪和消除非理性行为目的的[10]。

我们经常在报刊、网络和现实生活中看到各种有关学生体罚的情况，由此也引发了一系列教育思考："体罚是否合理？""为什么教育过程中会有体罚现象？"事实上，这类问题不仅在当今社会中经常遇到，在历史上也是普遍存在的，在各个国家也非常普遍。在家庭教育和学校教育中，有的教育家也赞成使用体罚。有的教师教育思想不端正、工作方法简单、法制观念淡薄，这些都是产生体罚学生的主要原因。同时，学校管理不严，也会助长教师体罚学生的风气。体罚有诸多负面影响，如表4-8所示。教育本来应当存在于师生之间融洽的关系中以及细致入微的思想和心理工作过程中。

表4-8 体罚的负面影响[10]

影响角度		具体表现
教师	行为	1. 体罚破坏了教师和学生之间的信任关系 2. 体罚被用于控制行为时，对学生教学更容易产生身体上和言语上的攻击 3. 体罚容易使教师的注意力集中于学生的不良行为
学生	心理	1. 体罚会伤害学生的自尊心 2. 体罚会使学生对教师产生畏惧心理 3. 体罚行为会让学生认为犯错后受到惩罚就可以了
	行为	1. 体罚不会使学生学会自我控制，而是学会逃避监管 2. 体罚引起的情绪变化会影响到学生的学习和正常的社会能力 3. 体罚会使学生通过暴力行为来解决问题 4. 体罚的使用会导致学生逃避承担责任

近年来，教育过程中的体罚问题已经引起教育部门的重视，但是网络、报纸等资料显示，体育教师在教学中的不合理管理行为甚至是体罚学生造成小学生伤害事故的问题依旧突出。在调查中，对于"您是否赞成必要时，可以对学生进行轻微处罚？"这个问题，39.34%的体育教师很赞成对学生进行"适度"体罚，8.2%的教师对此"不赞成"（见图4-1）。虽然在学校教育制度中体罚是

不允许出现的，但是在学校管理中体罚这种不良的管理行为依旧是普遍存在的，体育教师对学生进行"罚站、罚跑"等身体惩罚是一种非常普遍的管理手段，有的体育教师甚至对学生的人格进行语言攻击，侮辱和体罚学生的手段花样繁多。《中小学教师职业道德规范》第三条规定："不讽刺、挖苦、歧视学生，不体罚或变相体罚学生。"[35]《中华人民共和国义务教育法（2018年修正）》第二十九条规定，教师应当尊重学生的人格，不得歧视学生，不得对学生实施体罚、变相体罚或者其他侮辱人格尊严的行为，不得侵犯学生合法权益。[36]2021年5月31日，山东枣庄市一女体育教师打伤全班54名学生，当时校长在场并未出面制止。舆论发酵后，当地区委、区政府立即组成调查组调查核实情况，该教师被停职，学校校长、执行校长、副校长停职检查。

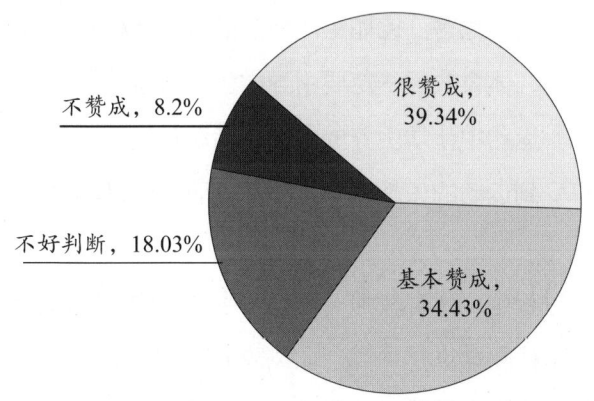

图 4-1 "您是否赞成必要时，可以对学生进行轻微处罚？"统计结果

体育教师应该加强自身专业素养和教学能力，杜绝因情绪管理不善和专业能力不够等个人原因而给学生带来危害。访谈中一些老师表示"体罚"是班级管理中一种非常有效方法，根本没有意识到体罚带来的消极情绪和负面效果，对体育教师和小学生的心理、行为和道德都会产生深远影响[18]。从表4-8中可以看出，体罚对学生和教师都有极大的危害。教师对学生实施体罚，造成了学生的身心损害，不利于学生健康成长。虽然体罚在表面上可以"立竿见影"，会使某些调皮的孩子变得"老实""听话"，但是它不但不能使学生遵守纪律，调

动他们自我教育的积极因素，反而会使他们产生"戒备""敌意""执拗"的对立情绪。而且在老师的权威下，学生逐渐变得不自信、自卑；同时，在老师简单、粗暴地对待他们不正确的行为时，他们也学会了这种处理问题的方法。教育部门要求学校必须加强对教师的师德师风管理，让教师充分认识到体罚的危害性，并经常提醒教师注意教育方法，严禁体罚和变相体罚。

（5）教师教学能力因素。对小学生体育运动进行风险评估发现，次要风险和其他等级的风险在湘西地区小学生体育运动实践中也会发生，调查中有些体育教师认为这些次要风险在学生运动中发生的可能性不大，有的老师则表示学生在运动中这些风险即便是发生了，导致的后果也不会太严重。这说明了湘西地区小学体育教师的风险意识不强，没有意识到这些风险的存在会给小学生体育活动过程带来潜在的危害。比如运动前的准备活动和放松活动，是体育教学中非常重要的环节，体育教师一定要引导学生养成运动前做准备活动、运动后彻底放松的习惯。运动中让学生养成做准备活动和放松活动的习惯，不仅可以更好地使学生享受到运动的乐趣，防止受伤，而且可以增强学生正确的体育运动意识。

在体育锻炼过程中，体育教师要对小学生的身体状况和心理状态表现进行及时监控。天气条件因素也是体育运动风险的隐形因素，不可忽视不良气候对体育锻炼的影响，这也会导致小学生体育运动风险的发生。体育教师在运动中要时刻关注每一个学生的身体状态和精神状态，发现学生健康状况和精神状况不佳时，需要及时做出特殊安排和处理。比如气温过高，运动时体温升高快，会造成汗液流失过多和体内盐代谢失调，极易发生中暑或疲劳；在寒冷环境中长时间跑步，身体会出现协调能力下降、肌肉僵硬等症象，极易引起肌肉拉伤。体育老师应该根据气候的变化特点，在寒热交替季节合理安排运动内容。

采取列表排序法对教师风险进行评估，风险因素表现为教学中缺乏明确的教学任务、缺乏对学生安全教育、教学前场地器材检查不严格、教学组织安排不合理、运动中组织学生进行的热身活动不足、不能完全控制课堂纪律等六个方面，这些因素都被列为体育运动风险的主要因素（见表4-9）。分析结果显示，教学中教学任务不明确、没有对学生进行安全教育、场地器材检查不到位被列为主要风险源，也反映出体育教师教学能力有待提高，运动风险意识偏低。教学中对学生缺乏安全教育是教师教学经验和能力的问题，教师教学组织能力也是主要风险源，进一步说明教师教学能力是目前学校体育运动教学中比较严重的风险问题。体育教学中教师管理经验可控性比较弱，其中存在的原因比较多。一方面，湘西地区少数民族小学生较多，自我管理能力差，体育运动中发生运动损伤的风险比较大；另一方面，湘西地区专业体育教师较少，缺乏专业的组织能力管理。人数较多的班级在复杂多变的外界环境开展户外活动，教师缺乏系统教学经验和教学管理能力，教学纪律和安全问题很容易失去控制。另外，学校管理松散，对教师和学生没有严格的规章制度和管理措施。由于湘西地区尤其是农村学校，专业的体育教师比较少，一个体育教师往往要担任一个年级或者多个年级的体育教学，教学工作量大，有些老师课后还要担任训练教学任务。调查发现，大部分教师的课后运动训练缺乏系统的学年学期等教学计划，运动、教学、训练的随意性比较大，而教师教学的消极性和随意性也是学生运动风险大的主要原因。

表4-9 体育运动风险教师因素检查表（前6位）（$N=61$）

风险因素	风险量	类内排序
教学中没有明确的教学任务，让学生自由活动	99.3	1
对学生某些不安全行为没有及时制止	85.9	2
没有对学生进行安全教育		
上课前对场地器材检查不到位	85.2	3
教学组织安排不合理	71.1	4
教师没有指导热身动作，学生课前准备不足	62.2	5
在进行体育教学时，不能完全控制课堂		
教师没有做好体育运动伤害防范措施	55.6	6

体育教师的组织管理能力在教学过程中始终都是最重要的。体育课程的教学环境具有开放性的特点，教学过程中存在多种不确定的影响因素，对体育教师的组织管理能力要求很高。从教的方面来看，对教学内容重难点把握不够、对教具不当的选择和使用等都会产生负面效果；从学的方面来看，学生在运动中消极的情绪、不良的行为习惯、较差的身体素质、消极的个性等都会产生运动风险。在实地调查中看到，在湘西地区许多小学的体育课上，有些体育教师（其他课程教师兼任）的课堂组织管理能力普遍不强，教学方法过于简单，多为集合—解散—学生自由活动的形式。有的老师课堂管理得太严格，课堂教学方法和组织太死板，整堂课没有挖掘学生学习的自主性；有些体育教师的课堂出现了"不可控"的现象，缺乏有效的管理导致学生自由散漫；有的体育课甚至出现了激烈的师生矛盾，教学无法正常进行。体育教师的教学如果组织管理不力，也会给学生的体育活动埋下许多安全隐患。一节有效的体育课，既要突出学生的主体地位，让学生在体育锻炼中获得身心发展，还需要让学生在运动中体验到团队协作完成任务的成就感、克服困难获得成功的乐趣等。体育教师只有在工作中不断加强自我的师德建设和不断提高课堂组织管理能力，才能更好地、安全有效地进行体育课堂教学。

4.4.2 湘西地区小学生体育运动风险学生致因评估

在小学体育教育教学中，学生因素也会影响体育课堂教学的质量安全。小学生的自我控制能力差，在开放的运动环境中很容易因为各种因素造成运动损伤。通过评估他们在体育运动中遇到的各种风险因素，并提出相应的预防措施，可以有效地降低体育运动的风险，使体育教学安全正常地进行，为学生在体育运动中有效地学习运动技能和增强体质创造条件。

4.4.2.1 学生不遵守课堂纪律

◎案例一：

2019年，吉首市××小学六年级的体育课堂上，体育教师正在组织学生进行乒乓球练习，在分小组排队练习的过程中，王同学（男）趁老师不注意与排在前面的朱同学（男）打闹，在老师指导其他同学练习的时候，用乒乓球拍击打朱同学的后脑勺，造成朱同学后脑勺受伤缝了三针[33]。

综合分析：这起体育安全事故发生的主要原因是，体育课堂纪律涣散，学生不听从老师的课堂组织安排，课堂中个别同学的私自行动造成了不必要的伤害。体育教师上好一堂体育课，良好的课堂管理能力和课堂纪律尤为重要，如果在教学中，课堂常规贯彻不到位，课堂纪律松散，学生处于无组织纪律状态，就会使得教学计划不能如期开展，甚至出现安全事故[33]。

调查发现，大部分老师都能控制好课堂纪律，如图4-2所示，62.29%的老师表示多数时候可以很好地管理课堂，1.64%的老师表示只有少部分时间可以控制课堂管理。从总体来看，湘西地区的农村小学生遵守课堂纪律情况良好，只有少部分学生不遵守。体育教师需要在教学内容、教学方法和教学组织管理上下功夫，引导学生严格遵守课堂纪律，加强约束力。

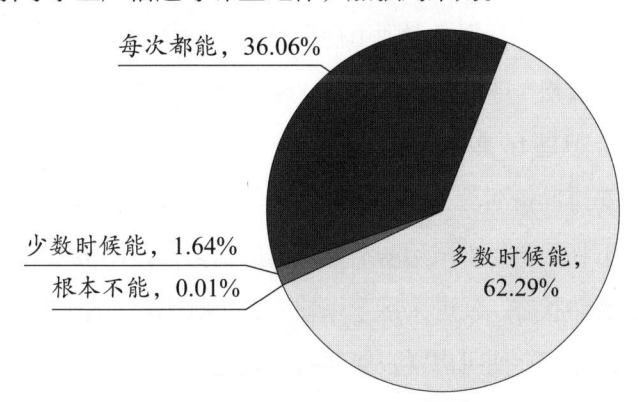

图4-2 体育教师课堂秩序控制调查情况

4.4.2.2 学生体育安全意识薄弱

体育运动前的热身运动是为体育运动做好准备的基础，准备活动是体育教学和训练过程中的重要组成部分，但很多同学对准备活动的认知存在一定的误解。有的同学认为它不重要，随便晃悠应付了事；有的干脆不做。准备活动的疏忽大意或者敷衍了事，跳级似地进行体育运动，势必会导致小学体育运动伤害事故发生率高。

◎案例二：准备活动不充分导致脚踝扭伤。

> 2019年，花垣县××小学的一名六年级学生张某，在体育课堂上的羽毛球比赛中，急冲冲地上场比赛，他上场不到五分钟，一个跳起杀球的动作，导致其左脚脚踝扭伤，休养半月才康复[33]。

综合分析：这起体育事故发生在课堂羽毛球比赛的时候，张某没有做准备活动，在身体没有完全活动开的情况下，突然剧烈运动，导致脚踝扭伤。忽视准备活动也是体育运动风险一个重要的风险来源，这也要求体育教师在课堂教学中要规范学生的准备活动，在强调准备活动的重要性的同时，引导学生在体育运动时一定要做好准备活动和放松活动。

体育教师要根据教学内容、学生状况、气候条件合理安排学年教学计划、学期教学计划和单元教学计划，杜绝随心所欲地教、"放羊式"教学。实地考察发现，在体育教学中，很多老师重视准备活动和基础部分的教学，但是忽略体育课后的整理放松。图4-3显示，57.38%的体育教师课前都会认真地带学生完成准备活动，但是16.39%的体育教师是让体育委员带学生做，没有根据教学内容合理地安排准备活动。调查还发现，大部分体育教师忽视了学生运动后身体的放松，不利于学生养成运动结束时的放松习惯，使学生的身体和精神尚处于"紧张的运动状态"就进入接下来的"静止状态"的课堂学习，不仅会影响运动的效果，而且会使肌肉紧张僵硬而造成受伤。

(1)"传授给学生自我保护方法和技巧"安全教育情况调查：通过对体育教师教学中教授学生自我保护方法和技巧的调查，结果显示，44.26%的体育教师每节课都会提到安全，13.12%的体育教师会在"进行认为有危险的项目时"提到安全(见图4-4)。通过访谈进一步了解到，这些体育教师在体育活动中提到安全也仅仅是提示学生"活动中注意安全"，没有真正地传授给学生运动中自我保护的方法和技巧，反映出湘西地区部分体育教师的教学能力和安全意识有待提高，学校的安全管理工作有待持续深入课堂。

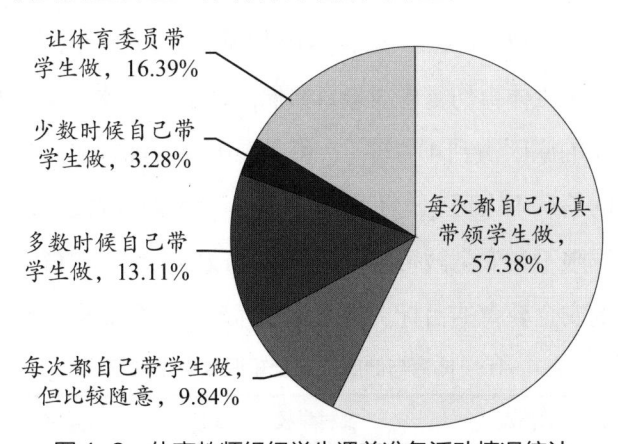

图 4-3 体育教师组织学生课前准备活动情况统计

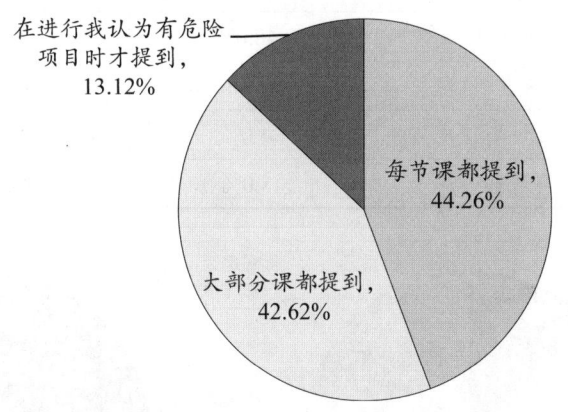

图 4-4 教学中教授学生自我保护的方法和技巧

（2）体育课传授安全教育知识情况调查：能否做好学校安全教育工作，不仅会影响中小学教育的发展，而且影响全社会的发展。而学生的安全意识需要教师不断地灌输和提醒，需要教师在体育教学中向学生传授体育锻炼中预防运动创伤的措施、发生运动创伤后正确的处理方法等。目前，学校体育课程中还没有设置专门的安全教育类体育实践课程，学生缺乏安全防护的实践能力，缺乏基本的自我防护的知识、方法与技巧，缺乏应变能力和心理承受能力，学校伤害事故等问题的存在使学生参与体育运动的潜在风险加大。

调查发现，24.0%的农村学校经常开展安全知识教育，16.6%的城镇学校经常开展安全知识教育，绝大部分学校很少开展或从未开展过。20.8% 的城镇学校有这方面的计划但未实施（见表4-10和见图4-5）。而学生缺乏安全运动的知识，是导致学生体育伤害事故最直接原因，学生在体育课因为缺乏相关的安全知识而受伤的原因占到41.7%[37]。可以看出湘西地区学校的体育与健康课开展安全教育的情况不太理想，绝大部分体育与健康课程没有经常开展安全教育，有的仅仅局限于在安全教育日或者伤害事故发生后的教育学习。这可能与学校没有相应的安全教育的目标、措施和教师缺乏安全教育的意识有关。

表4-10 体育与健康课安全知识教育频率统计表

开展的情况	农村学校（305）	城镇学校（385）
经常开展	24.0%	16.6%
很少开展	48.0%	58.3%
从未开展	16.0%	0.1%
有这方面的计划但未实施	4.0%	20.8%
不清楚	8.0%	4.2%

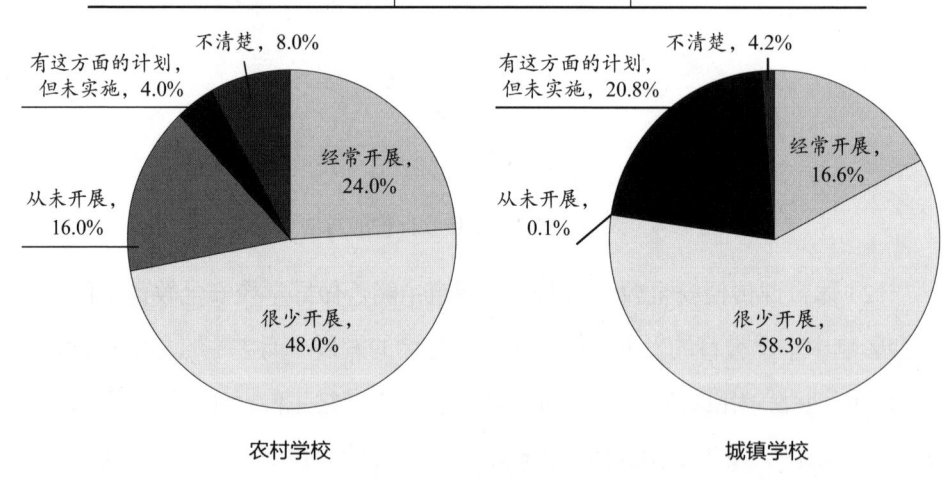

图4-5 学校体育课上传授安全卫生知识情况调查统计图

在没有进行调研以前，我们仅仅依据文献资料进行综合分析。进行调研后，我们认为安全教育缺失是最大的体育运动风险致因。教育部门应规定学校定期进行安全教育实践操作，把安全教育实践融入每学期的教学计划，学校定期组织各种大型安全教育实践活动，以此为契机引起校方主管领导、教师对校园风险的重视。体育教师必须提高风险认知，只有充分认识到风险是始终伴随着运动的，把安全放在首位，才能减少体育运动风险的发生。

调查中发现，有些学校能够结合本校实际，通过各种途径、运用各种方法大力开展学生安全教育，结合体育教学的特点，对学生进行必要的安全教育、防护与救护教育。这是体育教学自身的需要，也是现代体育教学"健康第一"教育思想所提出的要求，有着深远的意义。由此可见，安全教育融入体育教学课程之中是体育课程内容改革的必然发展趋势。

（3）体育与健康课开展安全教育的内容及形式：从表4-11中可以看出，小学体育健康课程中开展安全教育的内容主要为防交通事故、防溺水、防火、防运动损伤和防地震，可以看出学校对生活中比较明显的安全隐患很重视，采取了教育活动。但是可以发现，学校的安全教育形式单一，往往只是通过几场报告、几次演习的形式，甚至以配备相关的"安全摆设"来代替；而在一些学校的教育实践中，有关青少年安全和健康的教育至今仍是空白，即使有些学校进行了安全知识教育，但生命安全教育选择的内容、形式、手段比较简单，只是单纯的理论知识讲解，缺乏相应的实践操作，更没有设置相应的课程，使得生命安全教育缺乏可操作性，学生真正面临危险时还是不知所措，不知道如何在运动风险发生的时候保护自己。

从表4-12中的调查结果可以看出，湘西地区小学体育与健康课开展安全教育的主要途径是理论课，占49.3%，46.4%的学生表示学校没有开展任何安全教育内容。大部分体育与健康课对待安全教育的学习只是单纯地以校园宣传活动和宣传海报、课本、黑板报的形式进行教育，安全教育的过程过于形式化，开展的途径较少，缺乏实践操作，而安全教育知识的传播虽然在理论与实践课中都有所涉及，但不够全面广泛。很多时候只是单纯地在某一个技术动作或某一项运动中加强了安全防范，而没有具体的安全保障措施。对未知情境的预测和技能的传授知识相对较少，没有达到安全教育的目的，学生面对风险仍然无法应对。

表4-11 体育与健康课组织安全教育的内容

安全教育内容	频数	所占比例
防交通事故	36	26.2%
防溺水	20	14.6%
防火	15	10.9%
防运动损伤	56	40.9%
防地震	10	7.4%

表4-12 学校组织安全教育途径统计表（$N=690$）

组织的形式	学生人数	所占比例
理论课	340	49.3%
实践课	30	4.3%
没有开展	320	46.4%

（4）体育与健康课开展安全教育的效果：对学校开展过安全教育的学生进一步调查发现，67.9%的体育与健康课程的安全教育效果不好，学生压根没有掌握；32.1%的体育与健康课程组织过安全教育，学生知道安全知识，但是不太会运用（见表4-13）。通过对学校领导、教师的访谈得知，效果不好的主要原因有三点：第一，学生技能的学习比较单一，并且有些学习内容枯燥无味，使学生的学习很被动，学习兴趣不高。第二，学校由于安全意识淡薄，往往只在有事故发生之后才进行安全教育。第三，在体育教学过程中，小学生的自我保护力量弱，体育教师承担着学校及家长的巨大压力，生怕学生受伤，从而大幅度降低教学内容的难度，教学内容的简单化使学生的身体素质下降。而随着学生体质的下降，学生在体育运动中容易出现运动损伤，从而形成学生厌学、怕学、体质越来越差的恶性循环。

表4-13 学校在体育与健康课中组织安全教育的效果（N=370）

学习的效果	频数	所占比例
知道安全知识，但不会运用	44	32.1%
学习的效果不好，没有掌握	93	67.9%

4.4.2.3 对学生卫生健康监测

在新一轮的课程改革理念下，体育与健康课程的学习不再是单纯的身体锻炼，更应关注学生的健康生活方式与安全教育，根据体育教学独有的特点和优势，在教学过程中培养学生的安全防范意识，减少和避免意外伤害事故的发生，成为学校风险防控的新课题。小学阶段的体育教学不仅要引导学生养成体育学习的习惯并践行良好的安全行为习惯，而且应结合体育的身体操作性传授给学生安全应急与避险等方面的知识和技能。学生生命安全教育是长期困扰学校教育工作的难题，学生意外事故会影响学校教育教学工作的正常开展，并且给教育行政部门、学校及教师造成教学管理上困惑与不安。

每个学生都有参与体育运动的权力，但是不同的体质所承受的运动强度和运动量不同。每个学期初，学校都应该发动家长实事求是地登记好学生的身体健康状况。学校必须对学生身体进行调查，建立详细的健康档案，并且定期安排学生进行体检，家长有义务告知学生的身体情况，体育教师及时了解学生身体健康情况，在活动中根据学生的身体反应进行运动强度调整。对于身体存在疾病或特殊体质的学生，要为他们安排适合的运动项目和适当的强度，并对他们做好健康指导。如果这些学生盲目进行运动，运动风险系数会非常高。

◎案例三：家长不如实报告学生健康状况酿大祸。

> 湘西某小学一学生在体育课上跑步的时候不幸身亡，法医鉴定该生患有先天性心脏病。法院经调查后认为，家长没有按照规定报告孩子的身体健康状况，学校和教师在不知情的情况下组织学生跑步，属于正常的教学活动。

调查发现，75.41%的学校定期会对学生身体健康情况进行监测，19.67%的学校很少了解学生的身体状况，4.92%的学校不了解学生的身体健康状况（见图4-6）。这暴露出湘西地区学校管理工作的漏洞和校园安全隐患。

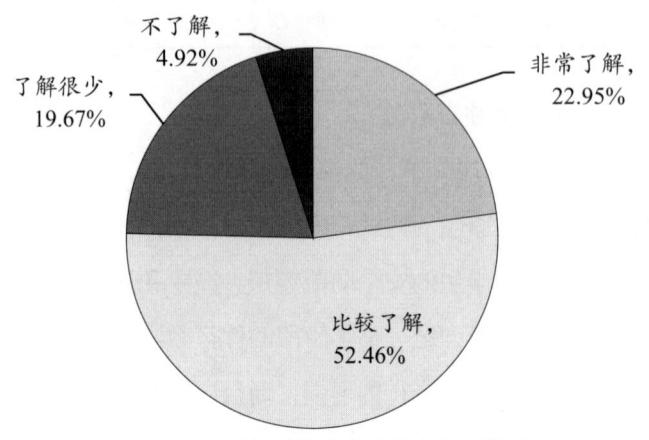

图4-6 学校对学生身体健康监测统计

体育教师可以借助卫生健康卡片及时地了解学生的身体状况，针对学生的生理条件选择教学内容，从而减少体育教学伤害事故的发生。从图4-7中可以看出，只有11.5%的农村学校和15.8%的城镇学校建立过学生卫生健康卡片，而绝大部分学生不知道学校是否建立过学生卫生健康卡片，农村学校和城镇学校之间无显著性差异，反映出这些学校确实未建立过针对学生卫生健康相关的档案，使得体育教师在选择体育教学内容时不能在充分了解学生身体状况的基

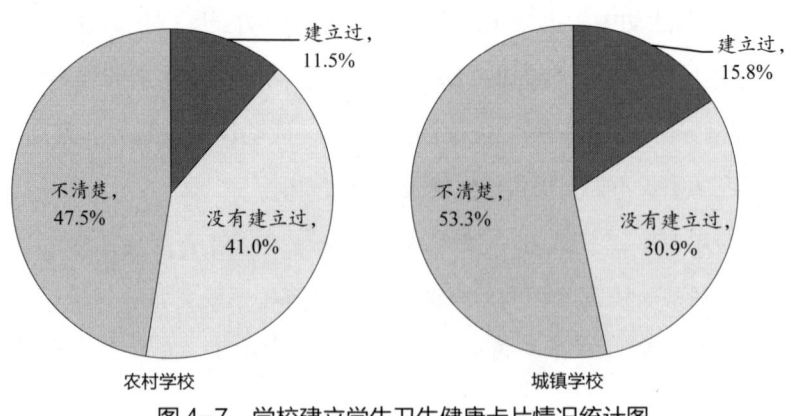

图4-7 学校建立学生卫生健康卡片情况统计图

第4章 湘西地区小学生体育运动的风险评估

础上进行，增大了教学事故发生的概率，因此说明学校安全管理不完善，存在很大的疏忽和漏洞。

《国务院办公厅转发教育部等部门关于进一步加强学校体育工作若干意见的通知》提出要建立健全学校体育的监测评价机制，"各学校每年对所有学生进行体质健康测试，并将测试结果经教育部门审核后上报纳入国家学生体质健康标准数据管理系统；同时，要按学生年级、班级、性别等不同类别在学校内公布学生体质健康测试总体结果，并将有关情况向学生家长通报。各地要加强管理，创造条件，保证学生体质健康测试工作的顺利开展。要把学生体质健康水平作为学生综合素质评价的重要指标，将学生日常参加体育活动情况、体育运动能力以及体质健康状况等作为重要评价内容。"[38]。体质健康检查是教师及时了解学生身体健康状况的基础。从图4-8中可以看出，在被调查学校组织学生进行体质健康检查的时间上，城镇学校实施体质健康监测的力度远远优于农村学校，这与城镇学校的财力以及对学生卫生健康的重视程度有很大的关系。但是城镇学校和农村学校对学生的体质健康监测时间间隔都较长，对学生体质情况缺乏及时了解，在一定程度上也反映出学校领导对学生卫生安全情况不够重视。假如这些学生参加了强度较大的体育运动，就很容易发生严重的体育运动风险，造成严重的体育运动伤害事故。

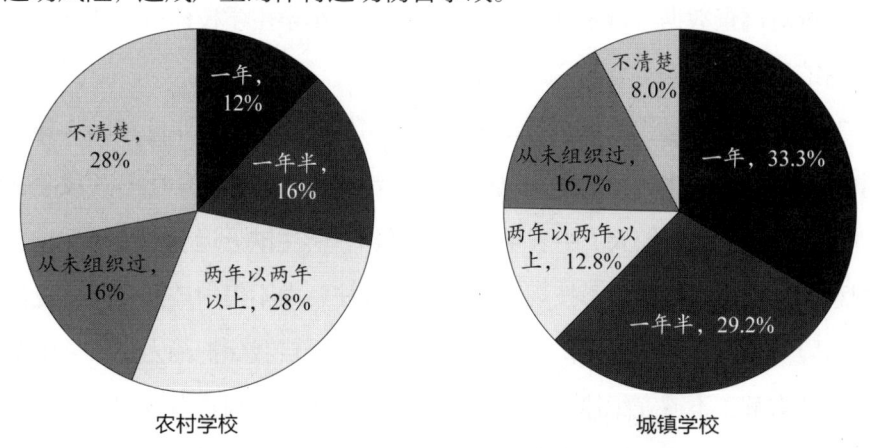

农村学校：一年 12%，一年半 16%，两年以两年以上 28%，从未组织过 16%，不清楚 28%

城镇学校：一年 33.3%，一年半 29.2%，两年以两年以上 12.8%，从未组织过 16.7%，不清楚 8.0%

图4-8 学校组织体质健康检查时间调查统计图

4.4.2.4 学生自身心理因素

◎案例四：

> 2019年，湘西州古丈县××小学体育课上教师带领同学们练习湘西地区少数民族传统项目高脚马，六年级一班的××同学在练习老师规定的动作后，突然兴奋地奔跑，导致摔伤在地，送医院诊断为右腿骨折。3个月后才恢复行走。询问得知，他认为自己已会高脚马行走，奔跑应该没问题。

综合分析：造成事故的原因是该学生敢于冒险尝试高难度动作，导致此伤害事故的发生。教学中，教师要时刻注意引导学生注意安全，时刻关注学生上课的心理状态变化，做好防范，降低伤害事故的发生。

恐惧往往来自自身自我保护的焦虑。调查发现，部分学生在体育运动中做有一定难度的动作时，由于自我保护意识太强或者天生胆小，总会表现出害怕或紧张的状态；但是大部分学生会表现出天不怕地不怕的"大无畏"精神，这很可能与湘西地区特殊的人文环境有关。之前的调查凸显出体育教学存在以下问题：缺乏良好的课堂纪律、缺乏体育安全意识、安全管理意识淡薄、运动技能知识基础差、教师课堂管理能力不够、教学缺乏管理等。这些教师、学生的问题，都不利于体育课堂教学的正常开展，同时也加大了体育运动的风险。

通过对调查数据进行统计分析处理，得到了小学生学校体育运动学生风险的评估结果（见表4-14）。

对湘西地区小学生的体育运动风险进行了排序，发现除了间接因素导致伤害事故风险外，学生各项风险的风险量得分都比较高，说明学生各项风险都对体育运动安全的影响较大。由表4-14可以看出，学生缺乏运动安全常识和自我保护意识、不遵守纪律、不按规范动作学练和注意力不集中被列为前三位体育运动风险主要因素。缺乏预防运动损伤常识、缺乏自我保护能力、教学中不注意听老师讲解、不遵守纪律、不按照规范动作学练这些因素造成体育运动中风险的可控性较低。湘西地区的大部分小学生的心理特点一般表现为活泼好动、安全意识差，注意力容易分散；坚持性和情感的自制力也不够；情绪容易冲动，

第4章 湘西地区小学生体育运动的风险评估

容易随着教学情景的变化而变化。这些性格特点需要教师在体育运动中制定严格的规则来管理课堂，注意教学组织形式的灵活多样。

表4-14 体育运动风险学生因素评估结果（前六位）（N=135）

风险因素	风险量	类内排序
体育保健知识了解很少，缺乏自我保护和调节能力，缺乏预防运动损伤方面的常识	100	1
学生主观上不遵守纪律，不按规范动作要求学练	100	1
不注意听老师讲解和不仔细观察老师的动作示范	88.9	2
没有安全运动方面的知识	80.0	3
学生纪律松散，擅自进行与课程无关的活动	63.0	4
其他学生的过失或过错	56.3	5
学生进行体育运动时情绪激动，产生混乱	48.9	6
对体育器材的使用方法不了解，私自使用	48.9	6

体育保健知识了解很少、缺乏自我保护调节能力和预防运动损伤方面的常识，学生主观上不遵守纪律和不按规范动作要求学练被列为前三位主要风险因素。尤其是学生缺乏自我保护能力和预防运动损伤的知识，学生不遵守课堂纪律和不按照动作规范学练很容易引发运动风险，希望引起教师、学校和教育主管部门的高度重视。

小学生在体育运动中的安全意识较差。一方面，表现为对体育运动安全知识的了解不够或理解不够全面。造成这个问题的主要原因是家庭和学校的安全教育工作不到位，不能真正深入到学生的生活和实践中去，没有根据学生的需要设计安全知识学习和进行安全知识实践，把安全教育工作真正落实。另一方面，小学生的安全意识薄弱是由该年龄段身心发展的特点所决定的。小学生上课不守纪律；上课不认真听老师讲解，注意力不集中；自我保护和调节能力比较差。这些在小学生身上普遍反映出来的风险因素主要来自两个方面：一是由小学生这一年龄段的性格特征决定的；二是小学生没有较强的安全意识和足够的自我保护知识和能力。这主要与体育教师和学校的安全教育工作有关。

小学生缺乏生活经验，动手能力差，情绪波动大，容易受外界影响，自我控制能力差，但冒险性和好奇心强，有不顾后果行动等心理特征。这些生理特点使得他们的自我情绪控制和行为控制能力差，对各种突发事件缺乏预见性和应变能力；遇到突发事件时，自我保护意识和自我保护能力比较差，发生危险的风险大。而且体育运动中发生安全事故的因素复杂，有些事故的发生是多种因素交织在一起造成的，如体育场地设施使用不当、学生违反活动规则或教学常规、体育教师管理不力等因素。

对风险致因因素进行可能性、严重性和可控性三个角度的评估发现，学生完成动作练习时不按规定急于求成的可能性被认为是很高的，但严重性和可控性相对较低。虽然学生不了解器械设施的使用方法而擅自使用的可能性较低（可能不被重视），但是此类风险一旦发生产生的损伤度会非常高或难以控制。小学生对风险的预见性不够，体育运动过程中对风险发生的可能性预判能力差，但各类风险因素造成的后果不一定严重同时也是较易控制的，所以体育教师在教学设计时要充分考虑到教学中可能会发生的风险，通过合理的教学设计尽可能地把各类风险降到最低。

体育教师是学生参加体育运动的指导者，在确保学生体育运动安全进行的过程中起着主导作用[10]。由图4-9可以看出，湘西地区81.97%的学校、教师会定期检查和维护学校体育场地器材等设施。调查发现，因教师过失行为造成的学生运动伤害仍占一定比例。在风险评估结果中发现，湘西地区小学体育教师在体育教学经验、教学技术和自我管理方面存在问题，体育运动中纪律松散、课前对场地器材和安全卫生检查等工作松懈、缺乏对安全知识的讲解和传授等都是教师教学经验方面的主要风险。

第4章 湘西地区小学生体育运动的风险评估

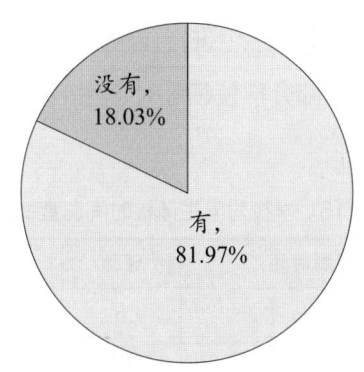

图4-9 学校、老师定期检查和维护学校体育场地器材等设施统计

4.4.3 湘西地区小学管理风险致因评估

4.4.3.1 领导对体育教学的重视程度

湘西地区44.3%的体育教师表示领导重视体育工作，18.1%的教师反映学校领导不重视体育工作（见表4-15）。有的领导每年对体育场地器材的经费投入非常少，对体育课要求非常低，实际工作中普遍存在体育教师为其他任课教师让课的现象。

表4-15 学校领导对体育的重视程度调查统计表

重视程度	小计	比例
非常重视	10	16.4%
重视	17	27.9%
一般	23	37.7%
不重视	7	11.5%
很不重视	4	6.5%

4.4.3.2 体检工作安排

《中华人民共和国体育法》第二十三条规定：学校应当建立学生体格健康检查制度。教育、体育和行政部门应当加强对学生体质的监测，学生体制监测是老师及时了解学生身体健康状况的基础。调查发现：27.9%的学校每年进行一次体检，9.8%的学校每半年进行一次体检，而37.7%的学校没有开展过体检，18.0% 的学校不知道要组织学生进行体检。对学生的身体情况缺乏及时了解，在一定程度上也反映了部分学校领导对学生卫生安全情况不够重视，安全管理工作不到位。

表4-16　学校对学生体检时间调查统计表

检查间隔时间	频数	比例
半年进行一次	6	9.8%
每年都进行一次	17	27.9%
两年进行一次	4	6.6%
没搞过	23	37.7%
不清楚	11	18.0%

4.4.3.3　学生购买保险情况

调查问卷数据显示，绝大部分家长为小学生买了保险（见图4-10、图4-11），但是也有部分学校的教师表示只有少数学生购买了意外保险，学校应该进一步落实学生责任险和学生意外险的购买，转移学校的管理风险，保障学生的安全。

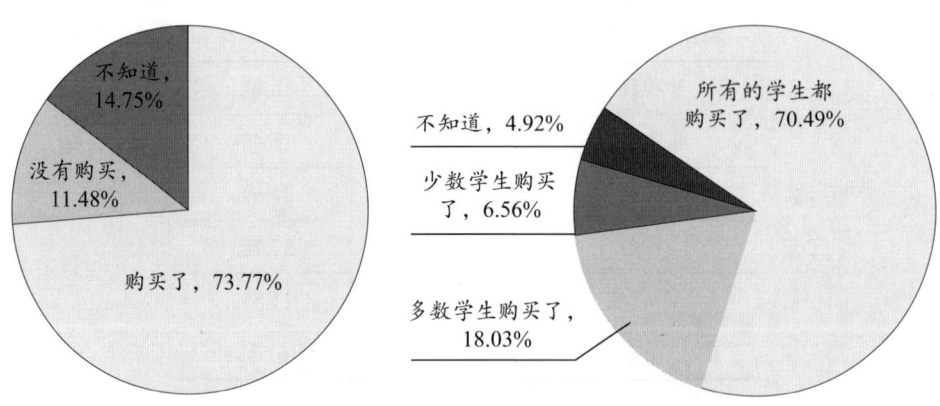

图4-10　学生购买学生责任险情况统计　　　图4-11　学生购买学生意外险情况统计

4.4.3.4　湘西地区学校管理风险评估结果

学校安全管理对小学生体育运动的安全管理起着至关重要的作用。评估发现，安全教育力度不够和场地器材不规范是目前安全管理学习中存在的主要风险因素（见表4-17）。小学体育运动的开展需要学校建立安全管理规章，安全教育的缺乏会导致体育运动中学生和老师对运动安全认知不足、安全意识淡薄、场地器材的管理不规范。场地器材的不合格，大大增加了发生运动损伤的概率，不合格或老化的场地很容易发生磕、碰、绊和打滑等安全事故，一些器材的老化、松动，使得学生在使用过程中出现一些较为严重的安全事故，比如砸伤、刺伤等，老化器材上的铁锈也会使学生发生受伤的风险增大。

表4-17 湘西地区学校管理运动风险评估结果（$N=61$）

风险因素	风险量	类内排序
学校在日常生活中对体育工作的安检和管理力度不够	93.6	1
体育运动器材和场地不符合规范要求，设备陈旧	88.9	2
对体育教学投入的安全设施经费不足	77.8	3
缺乏对风险管理人员处理体育意外伤害能力的培养	65.1	4
安全管理制度不完善	37.0	5
忽视体育教学伤害的风险	35.6	6

4.4.4 湘西地区小学生体育运动环境评估

4.4.4.1 场地情况调查

湘西地区是国家西部大开发、武陵山区区域发展与扶贫攻坚试点的地区，也是扶贫攻坚的主要战场，这在辖区内的体育场地和设施中体现得较为明显。

实地考察发现，湘西地区农村小学操场是400米跑道的比例为24.6%，250米的比例为24.6%（见表4-18）。大部分教学场地为塑胶，多为国家拨款补贴，或希望工程捐款修建的；还有些学校是水泥运动场，部分小学是煤渣体育场地（见表4-19）。实习学生反映大部分塑胶跑道不是标准的400米跑道，有些只是修建了几条跑道。实地考察中发现，水泥地非常光滑，有些煤渣场地粗糙，上面有许多石子，这样的场地在体育教学过程中存在着较大的风险。体育运动中场地非常拥挤，体育器械的分布、位置、距离不合理，体育设施、器械陈旧、破损等都是容易导致学生体育运动风险的主要因素。体育运动场地太小是目前大部分学校存在的普遍问题，场地小客观上也会造成体育教学中器材的摆放位置、距离等不合理问题。

表4-18 湘西地区小学体育场地情况调查统计表

场地规格	频数	比例
400米	15	24.6%
300米	11	18.0%
250米	15	24.6%
其他	20	32.8%

表4-19 湘西地区小学体育场地类型调查统计表（N=61）

场地类型	频数	比例
塑胶	53	86.9%
煤渣	2	3.3%
土	1	1.6%
水泥	5	8.2%

调查中有体育教师反映，在体育活动中，经常会有学生因为泥巴地太硬、煤渣地太多煤渣而摔倒受伤，这种现象尤其是在足球、篮球练习课时比较突出。调查发现，大部分农村学校室内场地缺乏，体育器材设施老旧，湘西地区由于气候复杂晴天少，当地不少村民喜欢在晴天把自己家中的农作物拿到学校的运动场中晾晒，严重妨碍了学生的体育运动空间，同时也存在一定的安全隐患。

4.4.4.2 体育教学班级人数

调查发现，湘西地区教学班级人数在55人以上的大班比较普遍，占44.2%，班级人数在65~70人及以上的占22.8%（见表4-20）。教学班级人数多，教师对学生的管理松散、教师的专业能力不强等问题的存在，也是湘西地区小学生体育运动参与风险较大的致因。

表 4-20 班级人数调查统计表

班级人数	频数	比例
40~50 人	25	41.0%
50~55 人	9	14.8%
55~60 人	8	13.2%
60~65 人	5	8.2%
65~70 人	5	8.2%
70 人以上	9	14.6%

4.4.4.3 体育教学中受外界影响情况

由于体育教学场地小，13.1% 的老师反映教学很容易受到外界车辆、人员的影响，55.7% 的老师表示偶尔会受到外界环境的影响（见表 4-21）。容易受到外界影响也是学生容易发生运动风险的主要因素。

表 4-21 体育教学中受外界影响调查统计（N=61）

教学受影响程度	小计	比例
经常	8	13.1%
偶尔会有	34	55.7%
很少有	4	6.6%
从来没有	15	24.6%

4.4.4.4 运动器材致因风险分析

调查显示，活动场地小、运动器材陈旧、场地被占用、体育设施器材陈旧破损这四项风险被列为主要风险量（见表 4-22）。调查中发现，大部分小学的课外活动时间，在操场上开展的运动项目多，学生多；有的器材长时间使用，没有得到及时的维护和更换，破损现象普遍存在，使学生在体育运动中存在很大的运动伤害风险，说明场地器材的风险因素在小学体育中是普遍存在的。

表4-22 小学体育运动环境风险评估结果（N=61）

风险因素	风险量	类内排序
运动器材陈旧	85.9	1
体育场地的可活动范围不能保证体育运动的正常进行	81.5	2
体育场地被占用，例如有车辆停放	73.3	3
器材设备的陈旧破损	71.1	4
缺乏必要的保护措施，学生被场地内的器械所伤	59.3	5
运动器材没能及时检查和维修	56.3	6

访谈中很多老师反映，目前湘西地区小学生体育运动环境存在上述问题的主要原因是学校体育经费投入不够，在贫困地区严重不足的教育投入中，体育方面得到的关注更是微乎其微，大部分学校没有制订体育投入的计划。

第5章 小学生体育运动风险应对

风险应对的方法有风险回避、风险转移、风险控制和风险自留。目前，学校体育运动风险管理研究的最大特点是套用项目管理技术，目的是提出学校体育组织风险理论框架[10]。学校风险管理的目标是最大限度地降低学生的运动风险，减少运动伤害事故给学生造成的身体或精神的伤害。学校体育运动风险的特殊性，使学校体育教育中的风险管理有更多的内涵与方法。学校体育只有依靠全面完善的风险管理计划的制订和实施，才能尽可能减少风险发生，降低风险对学生造成的伤害。

风险应对是风险研究的主要目的。风险管理应成为学校体育的一种管理策略并用它来制订实施一整套计划，去控制学校管理的风险[20]。对学校进行风险管理的主要目的是防范风险和干预风险。防范风险是指尽量防止各种伤害和问题的出现，干预风险则指事故和问题发生后所采取的行动计划[20]。只有对学生体育运动风险进行有效的防范和干预，学校和教师才能对学生在体育活动中所面临的各种不确定的风险因素加以预防和控制。

针对小学生体育运动过程中的风险类型采取相应的应对措施是体育运动风险防范的重要环节。对学校体育进行风险管理必须针对不同地区小学生体育运动风险的各种特殊因素，制订一整套管理策略计划，在体育运动实践中有效地防范和转移体育运动的各种风险。教育部2015年4月30日印发了《学校体育运动风险防控暂行办法》，其中第四条明确了"学校体育运动风险防控遵循预防为主、分级负责、学校落实、社会参与的原则"[39]。从实际情况来看，学生的安全问题是一个涉及学校、家庭、社会等多层面、多系统的综合性社会问题，小学生体育运动风险的应对措施需要从学校、教师、学生和家长等主体入手，共同努力，以有效解决小学生的体育安全问题。

5.1 小学生体育运动风险应对措施

5.1.1 教育部门要强化安全管理

教育部在2012年颁布的《关于进一步加强学校体育工作的若干意见》（以下简称《意见》）中提出各级各类学校要健全学校体育风险管理体系。《意见》提出，要健全学校体育风险管理体系，"研究制订学校安全条例，组织修订《学校体育工作条例》和《学校卫生工作条例》"[38]。《意见》明确提出，各地各有关部门要加强对学校体育安全的指导和监督，建立健全政府主导、社会参与的学校体育风险管理机制，形成包括安全教育培训、活动过程管理、保险赔付的学校体育风险管理制度，依法妥善处理学校体育意外伤害事故。各学校要制订和实施体育安全管理工作方案，明确管理责任人，落实安全责任制。加强对体育设施的维护和使用管理，切实保证使用安全。

首先，政府部门要强化各级各类学校的安全管理，实行严格的岗位责任制，对各级各类学校进行严格的安全管理。目前湘西地区小学体育专任教师多由其他课程教师兼任，各地区教育局应该定期对各科目教师进行业务能力专项培训，尤其是缺编严重由其他科目教师兼任的体音美课程的培训。

其次，各级学校要完善校园安全教育制度，把校园安全管理形成规章制度落实。实行分管校长、教师负责制，细分学校体育安全管理，健全体育工作的安全卫生保健制度，加强医务监督工作。各级学校要强化体育教育教学环节的管理，组织体育教师建立体育教学和课外活动中的安全防护制度，并落实到每天的日常工作安排中；要强化日常教学和体育运动常规管理与落实，从学校日常管理方面防范校园运动安全风险。同时湘西地区教育部门要加大对各级小学校园场地器材资金的投入，积极督促各级各类小学完善场地和器材，并定期对学生活动场所进行安全检查，为学校体育教学和训练创造一个安全舒适的环境。

最后，教育部门切实加强教师的职业道德素养教育。教育行政部门和各级学校领导班子要加强对教师队伍的教育和管理，尤其是要注重提升教师的专业素养和重视体育教师的道德建设。通过不断培训转变教师传统的教育思想与理念，使学校领导和教师高度重视学校体育教育工作。通过不断加强体育师资力量的培训和管理，提高体育教师的专业技能和教学素养，让体育教师在不断学习思考中提升业务能力。政府还可以通过定期开展县级文化节、校际体育文化节等丰富多彩的校园文化形式激发学生的运动积极性，以保障学校体育的健康持续发展，促进学生的体质健康成长。

5.1.2 教育部门要建设完整的教材和安全教育交流平台，加强教育实践中的安全教育

目前湘西地区的学校领导、体育教师、学生缺乏风险意识，学校对学生安全教育工作的不到位、学生缺乏安全教育知识是学生体育运动中运动伤害事故发生的重要原因之一。

教育部门制定的与体育和健康课安全教育相关的教材，为体育教师的安全教育教学提供有力的保障。同时，教育部门要构建体育与健康课安全教育交流平台，分享一些好的教学手段、教学内容供其他教师参考，老教师也可以分享自己的教学经验以及教学心得，促进新教师的成长；教师之间也可以探讨有创意有创新的教学内容和方法，在相互交流相互帮助的过程中共同进步。

首先，教师应提高自身的生命与安全知识和素养，加强生命安全知识和技能的学习，结合生活来设计安全知识和技能的体育教学内容，以多种方式融入体育教学中，使学生真正地在实践中学习和掌握生命安全知识。

其次，生命安全教育应依托体育教师的职后培训，对体育教师进行"生命·生存·生活"系列课程培训，如"生命教育""如何识别危险""如何保护自

己"等课程的培训,丰富了体育教师的知识结构,把"生命·生存·生活"理论放在培训课程中,改变了以往培训对运动技术和知识的"再翻炒",把体育与健康课程打造成以"生命第一"为取向,以培养生命、安全、健康为目标,能够实现生命教育的广度、渗透生存能力的体育教学。

校园安全教育是一个专业化、系统化的工作。为培养家庭安全教育意识,学校应加强与家长之间的沟通与联系,通过定期开展丰富多彩的校园安全教育系列学习比赛,丰富校园安全教育学习内容和手段,以提高家长对安全教育的重视。通过开展安全教育演习、家庭安全知识竞赛等参与形式,将安全意识贯注到学生、教师、家长的思想深处。

体育教学中要培养学生认识、评价生活环境中危险的基本知识,体育运动中要传授学生关于运动损伤的预防处置方法和手段;通过每年的入学教育、安全知识公众号的定期推送、体育安全视频学习等形式向家长和学生普及安全教育知识,通过安全学习、安全知识小问答、安全知识云视频和互动等,丰富家长和学生参与方式。根据湘西地区的民族特点、地域特点、学校体育现状等制定体育运动风险防控形式和措施,引导教师、学生和家长重视理解体育运动风险,在体育教师中交流学校安全管理的经验,积极开展安全学习。教师应根据学生的年龄特点,将安全知识的实践融入体育课堂,在体育教学中可采用游戏操作的形式增加安全自救、自我保护知识的传授。

5.1.3 教师树立正确的风险认知观

风险认知是指个体对存在于外界环境中的各种客观风险的感受和认识,强调由直观判断和主观感受获得的经验对个体认知的影响[41]。体育教师的安全意识薄弱、风险认知差都会给学生的体育运动带来安全隐患,正确识别体育运动中的风险因素、增强安全意识是体育教师在工作中避免过失造成学生运动伤害的前提。体育教师的风险认知是体育教师对风险问题的认识、关注与反应[20]。教师的风险认知能力与其教学经验、专业能力有很大的关系,教师可以不断学习丰富专业知识素养，在教学中通过不断思考实践提升自己的教学能力，在教学设计中充分考虑到教学环境、教学器材、教学对象、教学内容，通过丰富的教学组织形式和严谨风趣的教学管理，给学生创造一个安全的学习环境。

5.1.4 体育教师加强责任心，提高业务水平

《意见》提出："多渠道配备好中小学和职业学校体育教师""对体育教师组织学生开展课外体育运动以及组织学生体质健康测试等，要纳入教学工作量"[42]。《"健康中国2030"规划纲要》要求加大学校健康教育力度，培养健康教育师资，将健康教育纳入体育教师职前教育和职后培训内容。2021年，《教育部办公厅关于开展2021年"师生健康中国健康"主题健康教育活动的通知》中提出了2021年的主题健康教育活动。2021年，《教育部办公厅关于进一步加强中小学生睡眠管理工作的通知》的发布，进一步体现了党中央、国务院对学生的睡眠和身体健康问题的高度重视。

一系列政策的实施推广需要各部门重视对体育教师能力的培养，定期开展与体育教师相关的专业知识和技能培训，提升教师科学合理地组织体育教学的能力。体育教师要通过不断学习增强自我安全意识和提高对运动风险的认知，教学中认真钻研教学内容，在充分了解学生身体状况的基础上，科学合理地制订学习计划和体育教学目标。教师要丰富教学手段和教学组织形式，科学合理地布置和养护教学场地设施，具备处理教学中各种突发运动伤害事件的能力等。

5.1.5 教育部门要强制要求学校定期进行安全教育

学校不能仅在事故发生后才进行安全教育。安全教育应从多个方面进行，内容丰富多样，趣味性强，使学生能更好地学习。学校通过举行专题讲座、开展知识竞赛、组织观看录像、学习安全手册、制作宣传栏等多种形式，形象地对学生进行预防火灾、避免拥挤踩踏等事故的教育。

5.1.6 要重视安全教育的实践课教育

学校要加强体育器材的使用与管理，组织学生按要求拿放器材，并在班级里安排相关人员借取和收还器材。学校要面向全体学生组织开展紧急疏散、逃生自救演练，提高全体教职工和学生应对突发事件的能力。体育教师可以根据学校的实际情况利用相关教学资源在室内进行生命安全措施的防范和预演教育示范。如在体育解剖室，教师可以将学生分组后模拟进行运动中的伤口包扎（先去污再上药后包扎）、溺水急救（人工呼吸、胸部按压）、火灾逃离等安全教育演习；在保健室，教师可以模拟、测量、分析运动员在不同运动强度前后的身体反应，因材施教地将保健、营养等教学内容传授到教学中；在心理咨询室，教师可以通过简单的安全运动知识的调查与讲解对学生进行心理疏导。

第一，将安全教育融于体育游戏教学中。教师采用情景教学法进行教学，提高学生自我保护意识。情感教学法作为体育学的一种有效教学手段，正是强调了往往被传统教学所忽视的小学生的特点。小学生有着天生好玩、自制力较差的特点，将体育游戏融入体育教学可以进一步增强学生的学习兴趣，让学生在实践中得到锻炼，在锻炼中得到成长，可以更好地提高体育教学的学习效果。比如在低年级的体育教学中，可以把一些交通规则等安全注意事项编成儿歌或顺口溜，并在体育实践课中利用纸板做成各种图片，设置一个情境让学生进行学习与演练，加深学生的印象。

第二，将安全教育渗透到体育技能教学中。体育教师利用武术、散打等与安全防范有关的体育项目，根据学校实际场地器材，将安全教育融入教学内容。将武术操等内容渗透到体育教学中，在进行攻击、移动、防守的练习时可以提高学生的应变灵敏度和自我防守能力。体育教学中的思政教育可以培养学生冷静的思维，不仅有利于其他文化课的学习，更有利于培养学生高水平的道德素养。武术散打的练习既可以锻炼学生坚持不懈、勇于拼搏的精神，还能培养学生乐观、积极向上、沉稳的优秀品质。

5.2 学生体育运动风险转移措施

中小学生在校伤害事故引发的纠纷，集中表现在对学校责任的认定以及赔偿问题上，而学校对受到伤害的学生的赔偿问题一直都是核心。学生与学校的关系还没有法律层面的确认。诸多体育运动伤害事故案件处理结果证实，家长与教师、学校之间很难划分责任界限，无论哪种处理结果，对家长和学校双方都会造成沉重的负担和打击，而发生伤害事故大多由学校来赔偿。可以说损伤赔偿是目前中小学在校安全事故处理中困扰学校的难题。风险转移的方法不仅可以减少学生、家长与教师之间的冲突和纠纷，保障学校教学的有序运行，而且可以减轻学校的经济负担。

风险转移是指一些单位和个人为避免承担风险损失，有意识地将损失或与损失有关的财务后果转嫁给另外的单位或个人去承担[15]。目前学校管理风险建立在健全管理的基础上，主要靠保险转移管理风险，将责任承担与损害赔偿分离，实现损害赔偿的社会化。

保险作为一种有效的保障，可以转移体育运动中发生的意外伤害事故的风险，可以有效地减少因体育课发生意外事故而产生的经济负担，并且还能推动后续赔偿工作的协商。教育部一直重视中小学安全教育工作，十分关心青少年学生的安全和健康，对学生的风险管理提出了一系列政策性意见和工作指导思想。2002年，教育部印发的《学生伤害事故处理办法》，积极预防、妥善处理在校学生伤害事故，保护学生、学校的合法权益。2008年，《教育部 财政部 中国保险监督委员会关于推行校方责任保险完善校园伤害事故风险管理机制的通知》，对推进落实校方责任险工作提出了明确要求。2012年，《国务院办公厅转发教育部等部门关于进一步加强学校体育工作若干意见的通知》中要求，"各地各有关部门要加强对学校体育安全的指导和监督，建立健全政府主导、社会参与的学校体育风险管理机制，形成包括安全教育培训、活动过程管理、保险赔付的学校体育风险管理制度，依法妥善处理学校体育意外伤害事故"[43]。2015年,《教育部关于印发〈学校体育运动风险防控暂行办法〉的通知》(教体艺〔2015〕3号),要求学校建立校内多部门协调配合、师生员工共同参与的学校体育运动风险防控机制,制定风险防控制度和体育运动伤害事故处理预案,明确教务、后勤、学生管理、体育教学等各职能部门的职责,保障学校体育工作健康有序开展[43]。《教育部 财政部 中国保险监督管理委员会关于推行校方责任保险完善校园伤害事故风险管理机制的通知》要求,九年义务教育阶段学校投保校方责任保险所需费用,从学校公用经费中支出,每年每生不超过5元。各地要统筹考虑学校经济负担能力、责任范围、赔偿范围、保费水平等因素,结合当地经济、社会发展实际情况科学制定责任限额,保障学校开齐开足体育课[44]。2016年,《国务院办公厅关于强化学校体育促进学生身心健康全面发展的意见》中强调,健全学校体育运动伤害风险防范机制,保障学校体育工作健康有序开展。对学生进行安全教育,培养学生安全意识和自我保护能力,提高学生的伤害应急处置和救护能力。加强校长、教师及有关管理人员培训,提高学校体育从业人员运动风险管理意识和能力。完善校方责任险,探索建立涵盖体育意外伤害的学生综合保险机制。鼓励各地政府试点推行学生体育安全事故第三方调解办法[43]。2017年,国务院办公厅印发的《关于加强中小学幼儿园安全风险防控体系建设的意见》中特别强调要"建立多元化的事故风险分担机制",提出有条件的地方可积极探索体育运动伤害等领域的责任保险,各地可根据实际情况进行具体落实[43]。2019年,教育部印发的《教育部等五部门关于完善安全事故处理机制 维护学校教育教学秩序的意见》(教政法〔2019〕11号)提出,完善学校安全事故预防与处理机制,依法治理"校闹"行为,推动形成依法依规、客观公正、多元参与、部门协作的工作格局,切实为学校办学排忧解难[45]。

教育管理部门已经联合有关部门共同保障社会教育保险公司的市场运营,确保学生和学校的正当权益,有效地发挥财政资金使用效率。中国保监会支持各个保险公司积极配合相关部门完善有关学校体育伤害处理法律法规体系,积极参与健全学校体育运动意外伤害保险机制,通过"学生平安保险"和其他专门的体育险种,在事故发生时及时进行处理和赔付,完善学校体育运动的风险管理和转移,降低经济损失,化解矛盾和纠纷,解决师生的后顾之忧,提高学生健康水平,维护正常教学秩序[43]。目前,教育部已委托有关单位成立了校方责任险改革课题组,了解学校教育教学中面临的风险类型、风险来源,梳理各地的经验和做法,提出完善校方责任险的政策建议。教育部将会同财政部、中国保监会等部门探索建立涵盖体育意外伤害的学生综合保险机制,合理转移和有效化解学校安全管理风险,维护校园和谐稳定。国家广播电视总局和国家新闻出版署等部门将进一步加强新闻采编人员的培训工作,遵循新闻伦理和采编规范,不断提高职业素养,提升学校体育运动伤害事故的报道水平和引导能力。国家广播电视总局和国家新闻出版署指导各级新闻出版广电媒体做好日常宣传,坚持正面宣传为主的方针,把握好此类事件报道的时效,让社会和家长更多地了解和支持学校体育工作[21]。

按照目前学校体育发展的需求来看,学校体育保险是解决学校事故赔偿问题的最有效、最快捷的途径。以保险来应对既能减少学生家庭、学校及老师的经济负担,也能给受害者提供最大限度的补偿。国家应注重保险相关政策的实施,细化学生保险条目,规范教育类保险管理,促进保险改革和发展,为学校体育伤害事故的解决提供更好的方式,同时减少风险所造成的意外事故等各方面的伤害及赔偿,由合法保险中介机构进行系统管理。

第6章 结 论

（1）小学生生理、心理发育不成熟，自我控制能力差，预见行为后果的能力不足，使得小学生运动伤害事故频发。多元化的风险要素造成武陵山区湘西地区农村小学体育安全问题严峻，特殊的区情决定了片区中小学体育运动风险状况的特殊性。

（2）在风险识别的基础上，笔者编制湘西地区农村小学体育运动风险评估表对湘西地区农村小学体育运动风险进行评估，采用列表排序法和帕雷托分析法量化学生风险、教师风险、环境风险、学校管理风险四类风险因子，对武陵山区农村小学生主要运动风险因素、风险等级以及体育运动的风险量、风险的后果以及风险的可控性进行全面分析和合理有效的风险评估。

（3）湘西地区小学生体育运动的风险高危项目为自由活动、足球、篮球；中危项目包括田径、排球、羽毛球；低危项目包括跳绳、乒乓球、跑步。湘西地区小学生体育运动发生风险的高危场所包括体育社团或自主体育锻炼和学校组织的体育竞赛；中危场所为体育课堂教学；低危场所包括学校组织的训练和课外体育运动。湘西地区小学生发生运动风险最重要的致因第一位为"学生技能风险"；第二位为"设备风险"；第三位为"保护不力风险"。第二类次重要致因为"保健知识匮乏的风险""教师课堂能力风险""课堂管理能力风险"。

（4）湘西地区小学体育师资队伍专业素养不高、职业认同感相对较低、场地器材匮乏。教学中对学生缺乏安全教育、教学组织能力不足是主要风险源，教学的消极性和随意性也是运动风险中主要的教师风险。缺乏运动安全常识、

第6章 结 论

缺乏预防运动损伤常识、自我保护能力差、不认真听老师讲解、上课注意力不集中、不遵守纪律等六个方面因素是小学体育运动运动风险最主要的学生风险因素。缺乏对教师、学生的安全教育和安全指导,对体育运动设施监管和维护失效和医务监督不力是湘西地区小学体育管理的主要风险因素。湘西地区小学普遍存在标准场地缺乏,器材不足等情况是导致学生体育运动风险的主要因素。

(5)湘西地区小学生体育运动风险应对主要从风险防范和风险转移两个方面入手。风险防范包括学校要加强安全管理和对师生的安全教育,教师要有正确的教学指导思想,加强小学生体育运动的风险意识和责任心,不断提高自身的业务水平。风险转移的方法主要是借助保险,将损失或与损失有关的财务后果转移给保险公司,充分发挥保险的功能。

第二部分

中学体育运动风险管理
——以湘西地区为例

ZHONGXUE TIYU YUNDONG FENGXIAN GUANLI:
YI XIANGXI DIQU WEI LI

第7章 问题的提出

7.1 引 言

随着素质教育的深入开展和以"健康第一"为指导思想的体育健康课程改革的全面推进，新一轮课程改革提倡充分激发学生的兴趣爱好，发展学生的个性，满足学生的需求，提高学生自学、自练的能力，培养学生终身体育的意识。学校体育教育也越来越重视学生的体育实践能力和兴趣的发展，学生可以根据自己的兴趣爱好选择自己喜欢的运动项目，同时随着学校校本体育课程的开发，越来越多的运动项目融入学生的体育课堂。

近年来，我国中学生在校人身伤害事故不断增多，尤其是体育教学伤害事故。我国大学、中学、小学在校学生总共有2亿多人，这是一个庞大的社会群体，中小学生的人数占我国总人口的五分之一。为了全面深入推动中小学生安全教育，1996年起，教育部等七部委把3月份最后一周的星期一确定为全国中小学生"安全教育日"，切实做好中小学生的安全保护工作。2021年，教育部基础教育司印发通知对3月29日第26个全国中小学生安全教育日活动进行部署，通知要求各地学校要结合实际集中开展一次专题安全教育、组织一次应急疏散演练、开展一次国家安全教育、开展一次集中宣传活动；同时，引导学生及家长根据需要，自行观看相关安全教育节目。通知还要求各地学校要营造良好舆论氛围，推动全社会共同关心中小学安全工作[45]。

由于中学生生理、心理发育还不成熟，自我控制能力不够，容易冲动，预见行为后果的能力不足，中学生发生学校运动伤害事故蕴含着某种必然性。近年来，中学生体育运动安全事件有增无减，由此产生的经济、法律纠纷不但给学校、体育教师和家庭造成了不良影响，也给作为当事人的受伤学生本人带来了不可弥补的生理和精神伤害，甚至给学校管理工作带来了压力[46]。学校素质教育课程改革中增加了体育运动的时间，虽然在体育运动中学生的各方面能力得到了锻炼，但是不可否认的是在各种运动中学生发生伤害事故的概率也比原来高了。

由于体育运动的身体操作性强，大部分运动会出现活动双方或多人的身体接触，体育运动本身又具有对抗性强和竞争激烈等特点，在运动中存在受伤的风险。运动环境、活动项目、当事人身体状况、任课体育教师情况、场地器材因素的变化等导致事故发生的种类和原因多种多样，要完整地将学校体育运动伤害事故归纳为某个或某几个原因是很困难的[47]。鉴于体育运动的特点，学生在参与体育运动时很容易受到不可预测或者突发情况的影响而发生运动伤害。

面对"防不胜防"的这类事故，不少学校感到"管不胜管"，加之事故"赔不胜赔"，学校被迫采取诸如取消危险性教学活动内容、对学生在校运动范围严格限制等措施。这种"因噎废食"的做法不利于学生的全面发展，严重影响了素质教育向深层次推进[25]。而且，随着学校伤害事故日益受到社会关注，这种影响已经超出学校教育范围，演变成为一个社会问题。

学生在校伤害事故处理不是一个新问题，而是长期困扰学校教育工作的难题。这个问题在目前表现得日益突出，由此引发的矛盾冲突和纠纷日益严重，其事故不仅给学生及其家长带来了不幸和痛苦，也影响了学校教育教学工作的正常开展，不利于素质教育向更深层次推进[48]，并且给教育行政部门、学校及教师造成了管理上的困惑和不安。目前学校学生风险管理已经引起了教育界的思考以及社会各界的广泛关注和重视。因此，研究学校体育运动风险管理有着重要的理论和现实意义。

7.2 学校体育运动伤害事故的文献综述

加拿大、美国、日本和其他国家的学者很早就借鉴风险理论在经济学里的研究，20世纪80年代，已经形成了对"运动风险"较为系统的研究。我国学者从20世纪90年代开始重视对学生体育运动风险的研究，研究内容主要从以下几个方面展开。

7.2.1 体育运动伤害和法理研究

过去由于现行法律中没有针对中小学生这一特殊群体在教育教学活动期间发生伤害事故如何处理做出明确规定，事故发生后的处理缺乏专门的法律依据，以致出现了纠纷大、矛盾多、周期长的现象，不仅中小学生的合法权益得不到保障，还影响了学校正常的教育教学秩序[49]。

虽然我国的教育工作正在逐步走向法制轨道，以《中华人民共和国教育法》为基础的教育框架体系正在形成，但从总体上来看，我国教育法制建设尚处于起步阶段，教师、家长和学生的法制观念还不够强；我国现行法律对此类事故的处理没有明确的规定，相关的理论研究滞后，有关学校伤害事故处理的法律理论尚处于探索阶段，缺乏具有实际指导和操作意义的高层立法，使得学生伤害事故缺乏法律支持，学校在处理伤害事故的过程中处于劣势地位。

学校伤害事故的处理涉及民法、刑法、行政法以及相关法律的多种法律范畴和多项法律条文，法官在处理类似案件时的不同理解，引用不同的法律条文而形成了不同的处理结果。学术界对事故责任的确定、赔偿的原则以及处理的对策等，观点纷呈，使得学校事故处理认定存在着某种随意性和模糊性。我国学者对于伤害事故发生后的处理研究比较多，多数学者从法律的角度来思考如何解决纠纷才可以既符合法律规范，又能最大限度地体现法律对于受伤学生的人文关怀。2002年8月21日，教育部颁布了《学生伤害事故处理办法》(以下简称《办法》)，为学生伤害事故的处理提供了一些思路。各地也相继出台了一些关于本地区学生伤害事故处理的规范性文件：上海市人大常委会颁布《上海市中小学校学生伤害事故处理条例》、杭州市人大常委会颁布《杭州市中小学校学生伤害事故处理条例》、贵阳市人大常委会颁布《贵阳市中小学生人身伤害事故预防与处理条例》、北京市人大常委会颁布《北京市中小学生人身伤害事故预防与处理条例》、南宁市教育局出台《中小学生意外伤害事故处理程序》、苏州市人大常委会颁布《苏州市中小学生人身伤害事故预防与处理条例》、湖南省人大常委会颁布《湖南省中小学校学生人身伤害事故预防与处理条例》。党中央、国务院一直高度重视青少年体质健康，先后印发了《中共中央 国务院关于加强青少年体育增强青少年体质的意见》《国务院办公厅转发教育部等部门关于进一步加强学校体育工作若干意见的通知》《国务院办公厅关于强化学校体育促进学生身心健康全面发展的意见》等文件，对加强青少年体育教育，提高青少年体质健康提出一系列要求[17]。这些条例的颁布为中小学伤害事故的处理提供了政策依据，这些法规都对学生在校期间所发生的人身伤害事故的预防和处理提出了具体的要求，为学校伤害事故发生后纠纷的解决提供了一定的参考依据。

目前，从我国有关学校伤害事故法理的研究文献主要集中在以下几个方面：对学校体育伤害事故责任的界定；探讨了学校体育伤害事故的类型及处理；体育伤害事故的预防与分类。

对学校体育伤害事故责任的界定，观点各不相同。肖国良提出在对事故责任进行界定时，应以事实为依据，以法律为准绳，认真查找事故产生的原因，准确确定事故的责任人[37]。张扬从民法的基本原理出发，探讨了学校、体育教师和学生各自承担的伤害事故法律责任的问题，并提出了意见和建议[95]。赫淑华从法律角度详细分析了学生在校伤害事故的归责原则，应适用过错责任原则和公平责任原则[96]。从以上研究可以发现，现在一般学校体育伤害事故的归责原则是过错责任原则。

关于学校对校园体育伤害的责任问题，主要存在以下4种代表性观点：

(1) 监护责任说。这种观点认为虽然学校不是未成年学生的监护人,但是学校对未成年学生负有监护责任。这里的未成年学生是指不满10周岁或者已满10周岁不满18周岁在幼儿园或学校学习和生活的未成年人。根据我国民法通则的有关规定,他们是无民事行为能力或限制民事行为能力人,他们不具备或不完全具备辨认自己行为的能力[50]。由于未成年学生的自身特点决定了他们始终需要有人保护和照顾,不能处于一种无人监护的真空状态,所以一旦他们脱离其父母由其他人临时看管时,临时看管人便负有了监护责任。学校是未成年人学习、生活的主要场所,未成年人一天中相当一部分时间都是在学校度过的,在此期间他们离开了父母的监护,那么学校理所当然就应承担起对他们的监护责任,以保护未成年学生的生命健康和安全[37],[51]。但是无论是《中华人民共和国民法典》还是《中华人民共和国教育法》(下文简称《教育法》)、《中华人民共和国教师法》等,都从来没有认定学校是学生的监护人,也从来没有说学校对学生所负的责任是监护责任。《办法》第七条明确规定了学校不是未成年学生的监护人,不承担监护责任。

(2) 委托监护责任说。这种观点认为家长把孩子送到学校,就是把孩子的监护权委托给了学校,否则就意味着在某一段时间(孩子在校期间)内,孩子处于一种无人监护的真空状态。学校应承担委托监护责任。但是在归责原则上适用过错原则还是无过错原则似乎并不明确[50]。这种说法的法律依据也不是很充分,不能仅仅依据所谓的委托监护的说法,就断定学校对学生伤害事故不管什么原因,或多或少都要负一点法律责任。

(3) 侵权责任说。这种观点认为学校与学生之间是法定教育管理关系,依据《教育法》和《中华人民共和国未成年人保护法》(下文简称《未成年人保护法》)的有关规定,学校对未成年学生有教育、管理和保护职责,如因学校过错未尽到该职责导致校园伤害事故则应承担损害赔偿责任[52~54]。作为我国第一部处理中小学校园伤害事故的地方性法规,《上海市中小学校学生伤害事故处理条例(草案)》首次从法律法规的角度明确了学校与学生之间是一种教育、管理和保护的关系，在此基础上规定了学校"对学生进行安全教育、管理和保护的职责"，并确定了校方以承担过错责任为主，兼顾公平原则。笔者认为这种说法完全没有必要，因为管理本身就包含了保护。管理的目的，一是为了顺利实施教育教学，二是为了保护学生的人身安全，再加上"保护"二字，似乎过于累赘。

(4) 责任合同说。学校对学生人身伤害事故承担的责任为责任合同关系[55]。

以上四种观点实际上是对监护人以及其有关法律有些误解或者不完全了解，法理依据不充分，由于目前对学校与学生之间的关系存在多种观点，因此在实际操作中仍存在很多争议。《中华人民共和国民法通则》(下文简称《民法通则》)和最高人民法院的解释都没有把学校列入监护人之列。根据《教育法》及其相关规定，学校的基本职责是：维护受教育者的合法权益；忠诚人民的教育事业，实施素质教育；关心和爱护学生，培养学生全面发展[56]……实际上学校不是任何形式的监护人而是教育机构，学校只能依法履行教育职责，只有学校没有依法履行或未完全履行教育职责造成学生的合法权益受到损害时，才要负有相应的责任[57]。

学校在未成年人保护工作方面仍存在保护职责认识不全面、相关制度可操作性不强、保护体制机制不健全等问题，2020年10月，习近平总书记签署主席令，颁布新修订的《未成年人保护法》，其中专章对学校保护作出规定[58]。2021年6月1日，教育部部长陈宝生签发《未成年人学校保护规定》，9月1日正式实施，系统地构建未成年人学校保护的制度体系，明确学校保护职责、明确专项保护制度、明确学校管理要求、明确保护工作机制、明确支持监督措施[58]。

学者对伤害事故的影响因素研究大多是停留在主观的理性分析上，缺乏实际的数据来证明和进行全面深入的量化分析。研究者认为导致伤害事故发生的原因集中在运动场地器材设施不好、体育运动中的意外事故、学校管理不严及有关制度和措施不健全、体育教师出现严重错误或过失、学生自身不遵守纪律、其他同学的过失、其他单位或个人的重大过失等因素，体育运动本身的危险性、场地设施条件差、组织管理方面存在问题也是学校体育伤害事故的主要致因。

体育伤害事故的预防措施与手段也是目前人们关注的焦点，由于目前对学校与学生之间的关系存在多种观点，因此，在实际操作中仍存在很多争议，还有待法律部门尽快出台法规明确两者之间的关系。

7.2.2 体育伤害事故的分类

由于校园体育伤害事故发生的原因多样、情况复杂，因此对学校体育进行类型化分析，显得尤为重要。从我国中小学未成年学生伤害事故的表现来看，虽然每个案例都有其一定的特殊性，但许多案件却存在相似性[59]。从不同的角度对学校体育伤害事故进行相应的归类，所分类型如下：

(1) 按事故发生的地点，可分为体育课发生的事故、体育课间发生的事故、体育课外活动发生的伤害事故。课内伤害事故是发生在教师的课堂上，学校和体育教师对此负有不可推卸的责任，往往突发性伤害事故的发生较多，需要体育教师在教学中严格管理。而体育课间伤害事故多发生于课间休息，学生的活动比较自由，发生率比较高。体育课外活动伤害事故的发生比较多，情况复杂。所以本书主要探讨体育课内发生的伤害事故。

(2) 从事故的表现形式上看，可以分为游戏型伤害事故、恶作剧型伤害事故、失职型伤害事故、突发型伤害事故[59]。失职型伤害事故则往往是由于学生不当使用体育设备或教师的工作责任心不强造成的。

(3) 按是否有明确的侵权行为人，可分为有明确侵权人的伤害事故和无明确侵权人的伤害事故。前者可分为学校（含教师）侵权伤害事故、同学之间侵权伤害事故。有明确侵权的伤害事故多有主观侵权的故意，有具体的侵权行为，因为该行为造成了一定的危害后果，侵权人依法承担责任[60]。

(4) 根据学校事故发生原因的不同，分为意外事故和过错事故。意外事故是指由于不可预见的原因或者不可抵挡的力量而导致的学生人身伤亡事故[61]。过错事故又分为故意和过失两类。故意是指行为人明知自己的行为会发生危害社会的结果,但希望或放任这种结果发生的心理态度[60]。这类事故尽管在学校也有发生,但与过失导致的学校事故相比数量较少,不属于本书讨论的范围。

(5) 根据事故的严重性的不同,可以分为一般伤害事故和严重伤害事故[58]。

7.2.3 体育伤害事故预防研究

体育伤害事故的预防措施与手段也是目前人们关注的热点,很多教师也提出了一些针对性的意见。郑惠芳将兰州市高校5年内116起体育课运动损伤列为研究对象,研究大学生体育课伤害事故的成因特点[62];在大部分对学生运动伤害事故进行的研究中,仅仅从分析伤害事故产生的原因出发,而忽略了运动损伤是体育课正常进行的一部分,把运动损伤作为伤害事故进行研究;还有的研究分析了伤害事故产生的原因并提出相应的预防措施和建议,但是这些建议仅停留在理论层面,没有结合实际,缺乏一定的操作实践性。

还有很多学者发表了大量的论文,如刘长河、郭自强等的《学校体育伤害事故的法律思考》,褚宏启的《学校体育的分类及其处理》等,都探讨了学校伤害事故的类型及处理。邓国良[48]把体育伤害事故分为在学校正常体育教学活动中发生的伤害事故,非授课时间学生在校园内进行身体育运动时的伤害事故,由于学校管理不善造成的学生身体伤害事故,由于不当的教育行为对学生的身体伤害事故。此种分类即按照伤害事故产生的原因分类又按照发生的地点分类,标准不明确。刘一隆[63]把体育伤害事故分为骨损伤、脑损伤、脑震荡、脑挫伤、颅内出血、内脏出血,按照受伤部位进行分类缺乏对运动伤害研究的全面性,而且这些定义均缺乏对体育伤害事故的全面诠释。

很多学者也对学校伤害事故进行了定义,褚宏启认为学校伤害事故是指学生在学校体育运动中(包括体育课教学、课余训练、运动竞赛和课外体育运动),所发生的学生实质性的人身伤害或死亡事故[64]。虽然对发生的地点表述清楚,但是定义中"实质性的人身伤亡或死亡事故"表述不清,令人费解。王言芳、高晓春把体育伤害事故定义为：在体育教学过程中发生的、对人的身体、健康造成损害并能够引起一定的法律后果的行为或事件[65]，把"对人的身体、健康造成损害""引起一定的法律后果"作为概念的关键，却忽视了在体育教学过程中发生运动损伤是正常的教学过程现象，如果按此定义，体育课将无法开展下去，定义范围太广。

在查阅了大量的文献资料后发现，许多学者对体育伤害事故的预防、分类能提出一些看法，但是这些研究都缺乏全面的、具体的、有调查依据的以及缺乏可操作实施的过程，因此在平常很难具体实施。本书将对初级中学体育的伤害事故进行客观的分析，提出操作性的建议。

7.2.4 学校安全教育研究

世界各国十分重视安全教育，不仅在安全教育理论的研究上较为成熟，而且在安全教育的实践上也走在我国前面。

国外中小学生安全教育理论的研究成果主要体现在以下几个方面：

（1）建立了"四维一体"的学校安全教育体系，确保学生安全。首先对事故高发场地及设施等采取对策，一方面，尽量保证有足够的场地与设施供孩子们户外活动使用；另一方面，也尽量维持设施有提供给学生运动以获得经验的功能，并在恰当的时候给学生以适当的安全提醒。

（2）教师是安全教育的实施者。

（3）家长、社区共同参与学校的安全教育。学校的安全工作、安全教育的目的就是保障学校学生的安全，而与家长的沟通，社区资源的共享等都是学校安全教育得以顺利进行的前提。安全教育不仅仅是书本知识的传授，更要将其渗透于游戏和日常生活中，才能使学生能学以致用。

（4）重视对学生的交通安全教育，确保学生的交通安全。早在1994年春，根据俄罗斯联邦教育部的提议，在图拉举行了全俄生命安全基础课程研讨会，80多位来自全俄各地教育部门和学校的领导人和专家聚集在一起，分析了生命安全基础课程的社会和教育价值[66]。他们认为，在当今俄罗斯社会经济不断发展和许多教育课程重组的背景下，将生命安全教育引入基础教育课程体系并逐步实施已迫在眉睫。

虽然各国以不同的名称、形式或方式开设了生命安全教育，对于学生生命安全教育的探讨，国内诸多学者进行了以下3个方面的研究：

（1）生命教育的相关理论研究。学者们对生命教育的内涵、目标、内容和途径进行了阐释和探讨。易丹、王惠春等的硕士学位论文分别对中小学生命教育的内容进行了探讨，但这些研究在探讨中没有结合各个年龄阶段学生的身心发展规律，是一种狭隘的生命观，而且我国的生命教育还处于探索阶段，学术界对生命教育的内涵尚未达成统一[67]。

（2）关于体育与健康课程中生命价值体现的研究。赖云华、尹贻伟等对体育价值在生命教育、生存教育和生活教育中的价值显现进行了分析，提出了将"三生教育"列入体育课程目标，但是相关论述比较抽象、形式单一，缺乏可操作性。尹贻伟等在《对在体育与健康课程中实施生命安全教育的思考》[68]一文中对体育与健康课程、生命安全教育的含义、实施意义、现状进行了讨论，并提出了4条实施建议，缺乏可操作性和研究的深度。

（3）体育与健康课程中实施生命安全教育的实践研究很少，大多数相关研究都是提出一些实施可行性分析或理论研究，缺乏相关的实证研究。

7.2.5 运动伤害事故相关法理的争鸣

我国《民法通则》第十二条规定，十周岁以上的未成年人是限制民事行为能力人，可以进行与他的年龄、智力相适应的民事活动。由于中学生的年龄在12到18周岁之间，同时也是限事行为能力人[69]。围绕这个特定的问题，学术界产生了很多思考和争议。

7.2.5.1 学校是不是成年学生的监护人

《办法》的有关条款提到，学校不是未成年学生的监护人，学校只对未成年学生进行安全教育、管理和保护并针对学生年龄、认知能力和法律行为能力的不同，采用相应的内容和预防措施[70]，学校对未成年学生不承担监护职责，但法律有规定的或学校依法接受委托承担相应监护职责的情形除外[71]。

认为"学校是未成年学生的监护人或承担监护责任"的专家认为，基于立法精神，我们绝不允许未成年学生处于无监护状态之中；学校是委托代理监护人，承担委托监护职责；未成年学生的监护人把监护权委托给了学校，由学校代为执行监护权，这实际上是一种代理关系，学校对未成年学生不仅要承担直接的监护责任，而且要承担对监护人的代理责任[72]。

坚持"学校不是未成年学生的监护人并且也不承担监护责任"的专家认为，学校是未成年学生的监护人找不到任何法律依据，监护人是一个特定的概念，学校不能也不可能成为未成年学生的监护人。监护权是基于亲权产生的一种法定职责，在职责的渊源上、内容上、范围上都有特定的要求，对监护权和监护责任转移这种重大的法律关系的变化问题，任何人都不应脱离法律规定去任意推定[73]。学校除了必须保护学生人身安全外，其他都不在学校的法律职责范围内。另外，学校不具备充当未成年学生监护人的经济条件[74]。学生在校期间，学校对学生的只是教育、管理和保护的责任。此种观点认为，这样认定学校的责任，既有现行法律的依据，也和学校的性质、地位、作用及能力相符。

7.2.5.2 事故发生后的认定中存在的问题

伤害事故发生后，在责任认定时专家和学者的争论颇多，主要集中在公平原则、免责条件和何种情况下对加害人减轻处罚3个方面。

（1）关于公平原则的争论。大部分学者认为事故发生后，适用过错责任原则为主、公平责任原则为辅的法律原则。以过错原则为主大家普遍认同，以公平原则为辅争议较大。一方认为，伤害发生后，在学校和加害人双方均无过错的情况下，承担道义上的责任，与受害人的监护人共同承担经济责任，体现了对于弱者的人文关怀。另一方认为，学校作为一个公益性事业单位若适用公平责任原则，承担一部分责任，就会导致学校在无过错时也得承担赔偿责任。如果学校和加害人双方均无过错，学校和加害人（特别是学校）不应该也没有能力按照公平原则承担经济责任。因为学校的经费是有限的，并且是专项经费，不应为了个别学生的公平而使其他学生的受教育水平下降。

随着社会的发展，"过错原则为主，公平原则为辅"只能作为过渡性的做法，更加科学合理的做法是引入社会保险制度转移风险，使风险社会化，而经济责任的承担应向严格过错责任原则转化。

（2）学校体育运动伤害事故的免责条件。我国《民法通则》规定的民事责任免除条件有依法履行公务、正当防卫、紧急避险、受害人的过错（故意或过失）、第三人过错、不可抗力、意外事件等。在学校体育运动中伤害事故可以适用的免责条件有受害人同意、第三人过错、不可抗力和意外事件这几项[75]。"受害人同意"是指受害人在参加某项活动时事先明确表示意愿承担损害的后果或风险，据此，造成损害的人除了承担其民事责任之外，还可以在发生此种损害或损害事实时予以抗辩。受害人同意这一免责抗辩理由只有在特殊情况和场合下才可适用，而体育运动和竞赛就是可以适用受害者同意免责抗辩理由的特定场合之一。在体育运动和竞赛中的身体冲撞造成的伤害事故可能导致当事人被判犯规，但加害人一般不承担民事赔偿责任。

第三人过错是指除原告和被告之外的第三人，对原告损害的发生或扩大具有过错，这种过错包括故意和过失[76]。在这类案例中，第三人过错是减轻或者免除被告（学校或教师）责任的依据[77]。

不可抗力是指独立于人的行为之外，并且不受当事人的意志支配的力量，它包括某些自然现象，如洪水、地震等，也包括某些社会现象，如战争等[75]。不可抗力作为免责条件必须是不可抗力构成了损害结果发生的原因，只有在损害完全是由不可抗力引起的情况下，才表明被告的行为与损害结果之间无因果关系，同时表明被告没有过错，因此应被免除责任[77]。

意外事件是指非当事人的故意或者过失而偶然发生的事故[76]，不可预见性、偶然性和不可避免性是意外事件发生的基本条件[75]。例如，在体育运动中，学生突发疾病而亡,而体育运动又不是发病原因,即没有过错,便可因此免责。

(3)学校体育运动伤害事故对于加害人减轻处罚的条件。2004年5月1日起实施的《最高人民法院关于审理人身损害赔偿案件适用法律若干问题的解释》第二条规定,受害人对同一损害的发生或者扩大有故意、过失的,依照民法通则第一百三十一条的规定,可以减轻或者免除赔偿义务人的赔偿责任[78]。但侵权人因故意或者重大过失致人损害,受害人只有一般过失的,不减轻赔偿义务人的赔偿责任。适用《民法通则》第一百零六条第三款规定确定赔偿义务人的偿责任时,受害人有重大过失的,可以减轻赔偿义务人的赔偿责任[78]。

7.2.5.3 事故发生后的赔偿过程中存在的问题

学校伤害事故发生后赔偿过程中存在的问题,也是专家和学者关注的热点。

(1)赔偿责任承担主体及范围的认定。对于赔偿责任承担主体及范围的认定,争议较多。目前我国与其相关的法律法规还不够兼容和完善,导致了对案情内容和性质基本一致的学生伤害事故的案件处理,不同地方法院的判决结果也不一致[79],甚至会出现大相径庭的现象。2003年12月4日最高人民法院审判委员会第1 299次会议通过,2003年12月26日最高人民法院公布公告,自2004年5月1日起执行的《最高人民法院关于审理人身损害赔偿案件适用法律若干问题的解释》的出台,可以很好地解决这一问题。

在处理学校伤害事故的案件中,运用最多的是法规中的第七条:对未成年人依法负有教育、管理、保护义务的学校、幼儿园或者其他教育机构,未尽职责范围内的相关义务致使未成年人遭受人身损害,或者未成年人致他人人身损害的,应当承担与其过错相应的赔偿责任[80]。第三人侵权致未成年人遭受人身损害的,应当承担赔偿责任[81]。学校、幼儿园等教育机构有过错的,应当承担相应的补充赔偿责任[82],但是法规中"未尽职责范围内的相关义务"没有明确的界定,实际操作也存在很多理解上的偏差。

(2)关于保险的问题。现有文献也倡导引入社会保险机制,让保险公司参与伤害发生后的理赔,用来弥补伤害发生后的部分经济损失[83]。体育保险作为一种有效的体育风险转移手段，在西方国家得到了广泛的应用。在我国体育保险保障意识不足的客观环境下，保险公司的不重视与国家引导政策的缺失，导致了我国体育保险险种和规模发展的不足[84]，缺乏针对学校体育运动意外伤害保险的特别约定[85]。目前应对学校体育运动风险仅靠法律效力较低的"管理办法"，不能确保学生运动伤害的有效处理和防范。有些学校领导为了避免体育运动风险事件的发生，过多地采取风险回避的措施，严重制约了学校体育的健康开展与学校体育目标的实现。

加拿大很早就已经在大、中小学建立教育保险公司，对解决学校日益增多的学校事故引发的损害赔偿纠纷提供了更有效的解决途径。保险公司参与学校伤害事故的理赔，弥补伤害后的部分经济损失，使风险社会化，降低了学校管理的风险。这在实践和理论研究中，都是一条比较好的解决赔偿金的办法，并且国外也多有运用。目前，我国保险应对机制还在逐渐完善中。

关于保险对风险的转移，谭伟耀提出，为了更高效合理地解决中小学生体育伤害事故，可以参考中小学生意外伤害事故的预防机制，依靠社会相关的保障制度，逐步完善学校体育保险的制度[86]，政府教育主管部门可以根据具体的体育教育状况，与社会保险机构共同制定相关的意外保险制度，切实提高中小学生学校体育伤害事故的处理效率，降低中小学学生体育伤害事故发生的概率[86]。学校作为人身安全保险和财产损失保险的具体购买人，必须是责任主体，一种方法是通过购买保险的方法对体育教学风险进行转移。另外一种保障学生安全的方法就是针对不同的学生意外伤害事故设立专项基金处理学生在进行体育教学活动时突然发生的意外伤害事故[87]。束卫东、束云提出：可以采取风险转移的方法，去处理具有高危险性的意外伤害事件[88]。当前政府部门已经将解决学校安全问题的目光转向了保险救济途径上，寻求通过侵权责任赔偿、责任保险和意外伤害保险等多渠道的事故损害救济方式来转移学校压力。学校可以采取购买意外保险、学校责任保险等方式去转移意外伤害事件的风险。于英等建议：学校应设立应急的医疗预防系统，并与最近的医院达成救援约定，为学校争取简单的医疗设备。政府应加大对学校资金的投入力度，保障学校基础设施的建设。为了学校和学生的共有利益，学校可以为器材和场地投保，一旦发生事故，也可以减轻学校的负担[89]。为了避免在经济赔偿问题上产生不必要的纠纷，保险公司可以增加学生运动伤害事故的保险种类。

《办法》第三十一条明确规定了有条件的学校应为学生购买学校责任险，以转嫁学校办学风险，使学校能集中精力开展教育教学活动[90]。各级各类学校都应该鼓励中小学生购买学校责任险，学校责任险是学校行为，学校对学生伤害事故处理是学校自己交费投保，受益方是学校。如果学生在学校发生意外，保险公司虽然赔偿了人身意外险部分，而学校的责任仍然不能免除，就可以通过这一种保险向保险公司索赔，这是减轻学校管理负担的有效途径之一。

7.2.5.4　对《学生伤害事故处理办法》的质疑

自《办法》颁布实施以来，学术界一直存在着一些争议，主要体现在以下几个方面：

（1）《办法》没有针对不同地区提出不同的要求，要在较短的时间内改善其办学条件又很困难，各地就《办法》的实施就存在难度。

（2）《办法》明确规定了各级教育主管部门有提供符合国家安全标准的教育教学设施给学校的义务[90]。如果因为学校的场地器材造成的安全事故，应该追究学校的责任还是教育主管部门的责任？还是双方应共同承担的责任？《办法》只提出了要求，没有明确的责任划分，也给实施带来了困难。

（3）《办法》第九条明确规定了学校和教师应履行"告知"学生的义务，但实际操作却存在困难。例如告知的时间如何界定、告知事实如何取证？事实上，《办法》中很多地方的规定存在含糊性和表述不清，对规范学校体育安全工作缺乏指导性意义。

（4）《办法》提到的学生年龄是7岁至20多岁，不同年龄的学生的行为能力不同，18周岁以上的学生已经是完全民事行为能力人，10~18周岁之间的学生属于限制民事行为能力人，10周岁以下属于无民事行为能力人。法规年龄的限制没有与法律区分结合起来，在解决运动伤害事故的过程中可参考的价值也大打折扣。

（5）《办法》是教育部颁发的行政法规条例，也有地方出台的相应的《办法》，其调整范围只能是教育行政管理领域的事务，即对教育系统内部及对学校的行政管理活动进行调整，而不能调整行政管理关系之外的民事关系[20]。《办法》规定的民事责任的承担或免除等也超出了其能够调整的范围[18]，缺乏法律效力，也缺乏执行的强制性。

7.2.6 国外相关研究

学生伤害事故，不仅在我国发生频繁，而且它已成为世界上各个国家普遍存在的现象，日益增多的中小学生在校伤害事故引发的纠纷集中表现在对学校责任的认定及其损害赔偿问题，二学校对受伤害学生及其价值的赔偿则是问题的核心所在。[91]

国外保险业发达的国家在处理体育伤害事故时主要借助于体育保险。美国有各种类型的学校体育保险，这些学校体育保险对各种意外伤害事故的类型、赔偿金额以及监督机构与办法等都做了明确的规定，对学校体育运动的顺利开展起到了很好的保障作用。

美国公立学校学生伤害事故采用的是过失责任认定侵权法，在过失责任的归责原则上按照过错原则承担民事责任。在特定的时间、地点和活动中学校对学生负有注意义务而不是监护责任，注意的标准是在"预见性"原则下的"合理而谨慎"的正常人的行为水平。在具体责任的承担方面，"比较过失"原则已被许多案例所采用[92]。这些内容可以称为美国公立学校伤害事故过失责任认定的核心和精髓，而它们与我国教育部颁布的《学生伤害事故处理办法》和各地方条例中的相关规定基本上是一致的。在美国，学生进入校园以后，学校会先根据具体的教学情况，先提供一份学生在学校可能会面临的风险清单，也就是具体阐述了在体育教学当中，学生可能会遇见的各种意外伤害风险，经过学生监护人在清单上确认签字后，再由保险公司承担可能会发生的各种意外风险。另外，清单上会明确规定，如果学生的监护人没有在清单上签字，那么该学生在校期间所发生的意外伤害等风险学校是不会承担责任的[93]。美国体育保险业非常发达，体育保险的种类很多，可供学生自由选择，而且学校体育伤害事故的处理都是通过体育保险来化解与转移的。在美国，在体育课上发生的学校事故中，教师常被认为应负过失责任[93]。通常下列五种原因老师应负过失责任：体育馆内的设备放置或安装具有危险性；对竞赛不当的分组；该项体育运动对学生的身体或心理不适宜，如将体型不佳的学生安排在足球队及让有跌倒记录的女孩去玩危险性游戏；让学生在拥挤的场地玩有危险性质的游戏等；在体育训练中未对学生进行充分指导。由此可以看出美国学校的卫生体制已相当完善[93]。

日本学校每年发生的体育伤害事故也很多，但是日本建立有较为完备的体育伤害事故补偿制度，学校体育伤害事故一旦发生，除了采取紧急处理措施，还要通过与学校体育运动相关的各种保险，特别是伤害保险的有效利用来实施。日本的保险制度有生命保险、损害保险和社会保险三种，包括体育伤害在内的各种事故的处理，主要通过这三种保险形式进行[94]。日本还颁布了一些法规，如《日本学校安全会法》《健康保险法》来保障体育保险的实施，使体育保险有法可依。日本的教育法律相当齐全，学校可积极利用法律的手段来处理学生所发生的意外伤害事故。《学校教育法》《国家赔偿法》都是日本的教育法律，日本的学生伤害事故处理法律体系是比较完善的，处处从学生的身体健康进行考虑。日本现在已有30多部关于学生伤害事故处理方法的法律法规，从根本上保证了法律的权威性。日本对于学校体育意外伤害事故的责任划分也是有明确规定的，是根据上课教师是否尽到应有的责任去认定的，这一规定使体育教师的权益得到了应有的保障。日本的教育法律在早期就规定了运用保险的方式解决体育意外伤害事件，后期日本对事故赔偿制度逐步进行了完善，同时日本学校学生都购买了保险，一方面减轻了学校对意外伤害事故的经费开支，另一方面保障了学校的正常教学秩序。相关数据表明，日本的国民平均每人拥有6份保险，每个国民只需交纳一定的保险费，就可以享受国民健康保险，他们的就诊费和住院费全部由政府承担。在家庭教育、子女的医疗费用方面，日本各地方政府都是实行各自不同的儿童医疗费补助制度。

加拿大主要通过建立教育保险公司，解决学校中日益增多的学校事故引发的损害赔偿纠纷，主要有为中小学提供保险服务的地方教育局互助保险公司和为高校保险服务的理赔公司，尽管这两类教育保险公司的服务对象不同，但在学校风险管理方面存在共同的地方：具有完善的制度和可操作的运作方式；有别于一般商业保险公司的非营利性质，根本宗旨是为学校提供服务，立足于维护学校及学生的根本利益；多功能一体，既是一个提供理赔的保险救济机构，又是提供教育、研究与培训的教育机构，而且重在事故的防范教育上，其目的是尽可能减少事故的发生和最大限度地降低事故造成的损失[95]。

根据俄罗斯法律，国家公民的医疗保险都是俄罗斯政府提供的义务服务，免费为所有公民投保，包括孩子在内。在缴纳了保险金后，每个孩子都可以依法享受国家提供的义务医疗保险，可以接受各种各样免费的医疗服务，包括急救服务、门诊治疗（儿科专家咨询、预防接种、X射线检查、理疗等）、住院治疗和口腔治疗等。俄罗斯儿童保险的主要险种是意外事故保险，这种保险只限定于儿童的在校时间，期限为一个学年，包括了寒假和暑假。

在法国相关的法律体系中，保险法和社会保障法规定了体育意外伤害事故赔偿的处理方式，在发生意外事故后，需要经过学校、家庭的共同协商，明确责任的分担主体，最后划分具体的赔偿责任和范围。

目前我国学生在校伤害事故的立法和法学理论的研究，从预防和损害赔偿救济的最佳途径解决了当前困扰我国基础教育领域的一大顽症，确立了中小学在校伤害事故的新思路。在体育意外伤害事故的责任认定以及风险管理方面，也有不少学者涉及了这一研究，较多的专家学者提出了通过购买保险对风险进行转移的策略。我国对于学校体育中的意外伤害事故、归责问题的研究基本都是站在保障学生权益的角度，而构建学生保险体系的研究也只停留在提出丰富保险险种的建议上，对如何丰富险种并没有做过多的研究。而在加拿大、日本、德国、美国等法律制度比较完善的国家，已经建立了完善的学校体育保险体系，在运行当中也非常流畅。对于学生体育运动意外伤害事故的处理，各项有利于学生健康发展的法律法规都已经比较完善。

我们应借鉴国外的成功经验，结合我国的实际情况，构建一套学生在校伤害事故的人身伤害赔偿机制和风险转移应对方案，特别是学校领导、一线的体育教师应该切实做好工作，落实应对伤害事故的有效措施，尽量把学校体育伤害事故发生的风险降到最低。

7.3 研究目的和意义

本书引入现代企业风险管理理论与方法来探讨中学生体育运动的风险问题，通过对湘西地区初中生体育运动中的运动风险识别、风险评估与应对的理论与方法体系，提出应对中学生体育运动风险的对策与方法，为湘西地区中学生体育风险防范提供理论指导和实际操作建议，为推进湘西地区农村学校体育的发展提出有针对性的建议。

体育运动是对身体实践操作的教育过程，运动过程中受多种因素的影响，学生参加体育运动发生运动损伤的潜在性风险大。风险发生的不确定性和潜在性要求学校、教师提升风险意识，加强风险管理，在工作和管理中对学校体育风险进行有效识别、评估与应对。尤其是对教育不发达的地区学校体育的风险问题进行研究，不仅对完善风险管理的理论体系有一定的积极意义，能保证各级各类学校的学生在健康有序的教学环境下学习，还可以为武陵山地区各级教育主管部门在安全管理方面的决策提供理论支持。

7.4 研究内容

以湘西区中小学生体育运动风险为研究对象，根据研究需要，按照小学和初中两个阶段，按比例分层随机整群抽样的原则，选取湘西地区12所初中为调查对象。

7.4.1 中学生体育运动的风险识别

风险识别是风险管理的第一步，研究主要采用实地调研法、观察法和访谈法等研究方法对湘西地区中学生体育运动风险进行判断和归类。

7.4.2 中学生体育运动的风险评估

在中学生体育运动风险识别的基础上，请体育教师对中学生体育运动风险的可能性、严重性和可控性进行评估，运用列表排序法、帕累托分析法剖析湘西地区中学生体育运动风险致因，在可能性、可控性、严重性三个维度进行风险量评估。

7.4.3 中学生体育运动的风险应对

基于以上研究，从宏观、中观和微观角度提出湘西地区中学体育运动风险的应对策略，构建湘西地区中学体育运动风险应对体系。

7.5 主要概念

7.5.1 学生在校伤害事故

关于学生在校伤害事故，目前学术界尚无统一的界定，主要有以下几种观点：

(1) 学生在校期间发生的人身伤害事故；

(2) 学生在学校因过失行为所导致的人身伤害事故[37]；

(3) 在学校内(中小学)或学校组织的校外活动中发生的，导致学生死亡、残疾、组织器官损害、导致功能障碍的人身伤亡事故[95]。

学生伤害事故又称学校事故，是指中小学校在校学生以及幼儿园在读儿童在学校或者幼儿园就读期间，参加学校或者幼儿园组织的教育教学活动以及在学校负有管理责任的校舍、场地、其他教育教学设施、生活设施内发生的人身伤害或者死亡，以及对他人造成人身伤害或者死亡，学校应当承担相应民事责任的事故。学生伤害事故既是一个时间概念，也是一个空间概念，不能把两者割裂开来[96]。

日本学者认为学校事故有广义和狭义之分，"广义的学校事故"是指学校发生的学生、教员、设施、设备的事故以及盗窃、火灾等其他灾害的总称。"狭义的教学事故"是指与教学活动中密切相关的生活场面发生的学生受伤、疾病、死亡事故[43]。

我国台湾学者认为"学校伤害事故"涵盖以下几个含义：第一，对成长中的青少年的一种人身侵害；第二，是青少年成长阶段，在团体生活时所发生的事故；第三，是青少年在学校活动中发生的事故，这种学校活动是在学校范围就学的青少年无法避免的；第四，事故多发生在教师专业性教学活动中；第五，事故是在青少年接受教育权利下因学校提供安全义务而发生的事故；第六，探讨事故的发生，旨在强化安全措施，预防再发生并追究法律责任[98]。

这是目前为止对学校伤害事故所下的比较全面的定义。

上述几种有代表性的学生在校伤害事故的学术概念在以下两方面有所不同[97]。

第一，事故性质。一种意见认为专指学校有责任的事故；另一种意见认为既包括学校责任事故又包括意外事故。按照事故发生的性质可将学校事故分为意外事故和责任事故两类。

第二，事故责任人的主观心理状态。一种意见认为，学校事故专指学校管理者和教师因过失而导致的事故；另一种意见认为，学校事故既包括学校管理者和教师因过失而导致的事故，又包括学校管理者和教师因故意而导致的事故。

参考以上几种对学校伤害事故概念的解释，笔者认为，杨刚、王丹等的观点较为合理，"学生在校人身伤害事故"是指学生在校内和学校组织的外出活动等和学校教育教学有关的活动中因学校过失而发生的学生人身损伤、残疾和死亡事故[51]。

7.5.2 体育伤害事故的概念界定

关于体育伤害事故学术界也有很多种界定，归纳起来有以下几种：

学校体育伤害事故是指学生在学校体育运动中（包括体育教学、课余训练、运动、运动竞赛和课外体育运动），所发生的学生实质性的人身伤害或死亡事故[48]。

学校体育伤害事故是指在学校体育教学活动期间发生的学生人身伤害或死亡事故。其中体育教学活动期间是指在校内与体育教学相关的活动期间[99]。

体育教学中的教学事故，是指在体育教学过程中发生的，对人的身体、健康造成损害并能引起一定法律后果的行为或事件[100]。

以上概念往往强调在"体育教学过程"或"教学活动期间"发生的，未强调"学校过失"，把体育教学过程中正常的运动损伤也归属于其中。

本书的伤害事故是狭义的学校体育伤害事故，是指因学校的过失造成的学生人身损伤、残疾、死亡等伤害事件。本书研究的体育教学伤害事故，指主要发生在体育教学过程中因学校教学管理人员的过失造成的学生人身损伤、残疾、死亡等伤害事件。

7.5.3 风险

人们从事某种社会活动时，都会期待它的结果。如果对于预期的结果没有一定的把握，人们就会认为该项活动存在风险[101]。但是现实中，只要对未来事件的发生和结果进行了期望，就有无法取得期望结果的可能性，这就是说这件事情存在"风险"[20]。

"风险"在《现代汉语词典》(第7版)中的意思为"可能发生的危险"。目前学术界对风险的认识归纳起来主要有三类观点：一是"危险损失"，即风险是可能发生的未来危险和损失；二是"结果差异"，即风险是实际结果与预计结果之间的差异；三是"不确定性"，即风险是事件的未来不确定性[15]。

7.5.3.1 风险的特征

风险有以下4个主要特征。

(1) 客观性。不管人们能不能意识到或感受到风险，只要工作或生活中有决定风险的各种因素存在，风险就会发生（发生的必然性）。因此，我们要想减少或避免风险，有必要及时识别可能导致风险的因素，并尽可能消除这些风险因素。由于产生风险的因素是多种多样的，而且很多风险致因是不可预测的，所以我们也不可能完全规避风险。因此风险是客观存在的。

(2) 突发性。当风险致因因素量积累到一定程度时，风险就会发生，所以风险往往给人的感觉是突然发生的。风险的这种突发性从表面上看具有极大的随机性，发生的时间也是偶然的，但实际上却隐含着一定的必然性。当决定产生风险的各种因素达到一定量的积累且这些因素达到某一临界值时，只要有某些诱发性因素的产生，风险就会不可避免地产生[102]。因此，管理中必须加强对风险的预警和防范研究，建立风险预警系统，完善风险防范机制，才能最大限度地降低风险损失。

(3) 多变性。风险的多变性是指风险会受到各种因素的影响，在风险性质、破坏程度等方面呈现动态变化的特征，难以有稳定的形态[103]。在制定风险应对预案时，需要准备多种预案和各种方案，在风险发生时能够处理不同类型的风险事件。

(4) 无形性。任何事物都具有普遍性和特殊性。风险的有些致因常存在于人们日常生活和工作中，有些致因看不见摸不着，这种共存性和无形性增加了人们认识和预测风险的难度，需要应用科学的定量方法和手段去识别和测定风险的内外因素，才能彻底地对风险进行识别。

7.5.4 风险管理

从公元前1700年开始，我国在长江流域从事货物水运的商人们就采取了将一批货物分装于几条船的做法，这实质上是一种"风险分流、损失分流"的风险处理方法。另外，在我国封建社会，富商巨贾们将贵重物品交由镖局武装护送，这也是"风险转移"的处理方法。[20]

风险管理作为一门新兴的管理科学，20世纪50年代发展成为一门学科，它是人类在不断追求安全与幸福的过程中结合历史经验和近代科技成就发展起来的。[20]美国学者威廉姆斯等在1964年出版的《风险管理与保险》一书中提出："风险管理是通过对风险的识别、衡量和控制，以最低的成本使风险所致的各种损失降到最低的管理方法。"

我国台湾学者袁宗慰认为："风险管理是在对风险的不确定性及可能性等因素进行考察、预测、收集分析的基础上制定出包括识别风险、衡量风险、积极管理风险、有效处置风险及妥善处理风险所致损失等整套系统的科学管理方法。"

风险管理的第一步是风险识别，是指通过对来源可靠的信息资料系统进行了解和分析，认清项目中存在的各种风险及其性质，并把握其发展趋势。[20]项目实施过程中所有的影响因素，不仅包括能够感受到的、能够看到的显性风险致因，而且有看不到的潜在风险致因。通常人们对潜在风险的识别难度比较大，但是潜在风险比显性风险对项目的发展更为重要。因此，对风险的识别必须系统化和制度化，才能确保风险识别的科学性和有效性。

风险评估是指在风险识别基础上，对收集的大量详细资料运用概率论和数理统计等方法加以分析，估计和预测风险发生的概率，为决策部门进行风险应对与制定风险管理策略提供重要的依据。[20]

风险应对是指在风险管理中采取的各种控制风险的手段与计划。通过避免、消除和减少风险事件发生的机会以及限制已发生的损失继续扩大，达到减少损失概率、降低损失程度，使风险损失达到最小的目的，通常需要几种防控手段组合起来使用。[20]

图 7-1　风险管理程序[15]

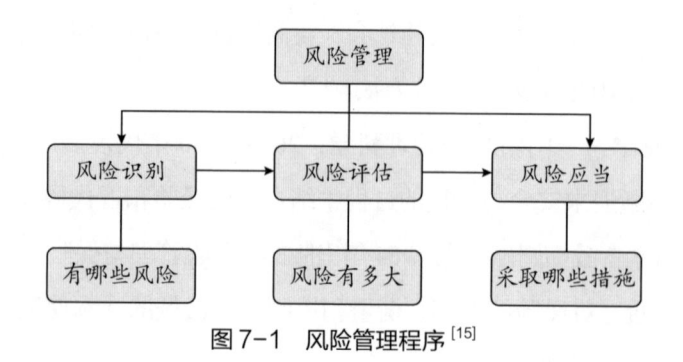

7.5.5　中学生体育运动风险

中学生体育运动风险是指中学生在参加体育运动的各个阶段或环节可能遇到的风险，也就是在体育运动中发生运动损伤或者运动伤害事故的可能性。[20]中学生体育运动风险一般是由体育运动中的存在各种不利致因或干扰事件造成的不良结果，造成的不良结果往往会给中学生造成身体或心理上的伤害。体育运动的特殊性使得参与学生从准备阶段到运动结束的过程中，都始终存在着各种不同的风险致因（如场地器材），这些风险出现的概率和造成的影响因风险量的影响也各有不同。[15]

为了预防和减轻这些风险致因对中学生造成的影响，必须对中学生参与的体育运动风险进行科学的管理。学者们一般把这些风险致因分为内部风险（来自参与学生自身的风险因素）、外部风险（来自体育教师和运动环境、学校管理等其他方面的风险因素）。

第8章 研究方法

8.1 文献资料法

查阅中国知网、超星数字图书馆，通过谷歌搜索引擎输入"学校安全""学校体育伤害事故""体育运动伤害""风险管理""中学生运动风险"等关键词进行检索，查到了近年来有关教育学、管理学、学校体育学、教育法学、体育社会学等200多篇期刊论文以及报刊关于运动风险的相关消息和各种媒体的相关新闻报道，以此作为本书的文献资料，并查阅了与风险相关的各类专著，使相关资料互为补充，为本书奠定了良好的理论基础。

通过中国知网高级搜索输入关键词"运动风险""体育运动伤害""中学生"，搜索出216条结果进行计量可视化分析发现，2005年学术界开始对运动伤害进行研究，2011年相关研究数量开始增多，2017年研究量达到36篇。通过中国知网对"运动伤害""学校体育""风险管理"进行趋势分析可以看出，"伤害事故""运动伤害"一直都是研究的热点，也是学术界研究的焦点。

8.2 问卷调查法

随机抽取武陵山地区具有典型特征的12所中学为调查对象，根据研究的需要设计中学生体育运动风险检查表、中学体育运动风险检查表，对风险事件的发生原因进行总结和归纳，汇总可能出现的体育运动风险。利用中学生体育运动风险评估表和中学生体育运动风险检查表评估出不同体育运动风险的风险量。

问卷调查法是本书的主要研究方法。为了保证问卷的回收率和对样本的调查符合要求，由笔者将问卷发往抽样学校的体育老师，名单由湖南体育专业委员会提供，由委托的会员按要求将问卷分发到抽样学校，填好后，集中将问卷寄回。共发放学生问卷 990 份、教师问卷 66 份，回收有效学生问卷 690 份，有效回收率约为 70%，回收有效教师问卷 49 份，有效回收率约为 74.2%。

为了调查"体育教学运动风险对体育教师教学行为的影响"是否具有普遍性，"国培计划（2018）——中西部小学体育骨干教师短期集中培训"在湖南第一师范学院开展期间，笔者走访了来自西部地区的一线体育教师，了解了目前体育教学伤害事故的现状、学校处理和解决的办法，为本书问卷的设计和研究奠定了良好的基础。对参加"国培计划（2018）——中西部小学体育骨干教师置换脱产研修项目"的国培计划的体育教师，笔者共发放问卷 60 份，回收有效问卷 49 份，有效率约为 82%。利用 SPSS 统计软件进行统计学分析，确保了数据处理的有效性和可靠性。

8.3 专家访谈法

笔者对体育心理学、体育管理学、学校体育学领域的专家，中学体育教师和中学体育工作的管理者进行了开放式的访谈。访谈内容涉及中学生体育运动安全问题现状、体育运动伤害事故成因、对体育运动安全管理的建议等。

2018 年、2019 年笔者带学生在湘西地区驻点实习期间，分别对相关的体育工作者、武陵山地区的家长、学校负责人、教师等进行访谈，了解了湘西地区中学体育教学实施情况，从湘西地区体育运动风险现象的原因、特征、结果、产生的影响进行访谈与讨论，并在此基础上确定了调查问卷的基本内容，访谈过程得到了专家们的专业指导。

8.4 数理统计法

对调查问卷进行数理统计分析,运用列表分析法与帕累托分析法等逻辑分析法探讨武陵山地区中学体育运动的风险量和风险因素(可控性、风险的影响和可控性),对风险管理过程进行综合评价。

第 9 章 湘西地区中学生体育运动风险识别

9.1 风险识别的理论概述

9.1.1 风险识别的基本理论

风险管理学普遍认为风险管理的首要任务是风险识别，即在风险事故发生之前，人们利用各种方法，系统连续地认识所面临的各种风险以及风险事故发生的潜在原因[100]。风险识别是风险管理者识别风险来源、确定风险发生条件、描述风险发生条件、描述风险特征并评价风险影响的过程[46]。它试图采取系统化的方法，识别某种特定项目或活动中已知的和可以预测的风险[46]。风险识别是通过调研等方法将引起风险的及其复杂的事物分解成比较简单、容易被识别的基本因素，并提取出可能存在的、影响较大的主要风险因素[83]。

风险识别在管理中是一项经济又实用的工作[20]，也是一项复杂的系统工作。风险识别的可靠性、准确性是风险管理的关键，如果潜在的风险因素没有被发现或者没有被认识清楚，就不能制定出有效的预防对策，就会导致整个项目风险管理失败，给风险主体造成不可预测的影响或损失[20]。

9.1.2 风险识别的特点

学术界普遍认为风险识别有以下四个特点：

(1) 信息性：风险识别需要提前收集大量的相关资料和信息，这些资料和信息的数量和质量、全面性与及时性都会对风险识别的有效性和准确性产生很大的影响[15]。

(2) 动态性：事物的发展不是一成不变的，需要对风险进行不断地识别。

(3) 全员性：往往事物或活动的参与主体都不是单个的个体，即风险的识别需要组织或团队成员的共同参与，因为每个主体在事物或活动的发展中始终存在着风险。

(4) 综合性：风险识别在信息收集、人员参与和工具使用上具有综合性的特点[20]。

9.2 中学生体育运动的风险识别

学校体育运动潜在的风险性使学生运动伤害成为长期困扰学校教育工作的难题，由此引发的矛盾冲突和纠纷日益严重。这些事故不仅给学生及其家长带来了不幸和痛苦，同时也影响了学校教育教学工作的正常开展，并且给教育行政部门、学校及教师造成教学管理上的困惑与不安，引起了教育界及社会各界的广泛关注和重视。学校体育工作的内容和体育运动的多样性决定了体育运动风险诱发因素的多样性[104]。中学生体育运动风险识别主要是对中学生参加体育运动时可能发生的和潜在的运动伤害风险进行分析、判断和归类，并提出提前预测的计划和应对的措施[46]。对中学生体育运动的风险识别，需要先找到相关的风险致因来源，本书从学校管理方面、体育教师方面、学生自身方面、其他方面入手识别风险源（见图9-1）。通过查阅资料收集学校管理方面、体育教师方面、学生自身方面、其他方面的风险源，参考石岩[20]总结出的风险源并结合湘西地区体育运动风险各类致因筛选出湘西地区中学生体育运动风险源。

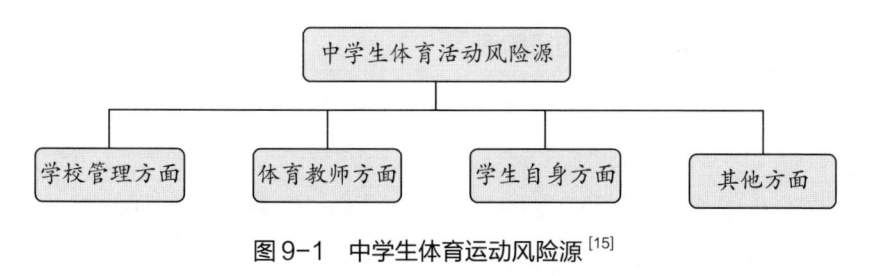

图9-1 中学生体育运动风险源[15]

9.2.1 学校管理风险源

学校管理风险源是指因为学校的原因给学生造成的风险,可分为以下两个方面:

(1) 学校领导和体育教师对风险的认知度低。在日常工作中,因为学校管理工作的力度不够,安全教育不到位造成的学校体育运动风险。此类风险近几年各类媒体时有报道。

(2) 体育场地设施不符合安全规范。因为体育设备陈旧、学生运动环境存在安全隐患造成的体育运动伤害事故。

9.2.2 体育教师风险源

体育教师风险源是指因为体育教师的原因造成的风险,可分为以下几个方面:

(1) 体育课堂管理不到位。教学没有明确的任务,让学生自由活动,教师管理随意性大导致伤害事故的发生。通常是由于体育教师的专业素养不高,跟学校的管理也有很大关系。

(2) 体育教师在体育课上体罚学生。

(3) 体育课上的安全保护措施不够造成的学生运动伤害。

(4) 体育教师的教学方法不科学系统、教学组织不合理造成的运动伤害。

(5) 教学内容超出了学生的能力范围,运动负荷超过了学生承受的生理范围。

(6) 体育教师教授技术动作时讲解示范不到位,纠正学生错误动作不及时。

9.2.3 学生自身方面的风险源

此类风险源是指因为学生各种自身原因造成的风险,主要有以下六个方面[20]:

(1) 学生安全知识不足、安全意识不够、缺乏自我保护意识和能力、体育运动时对风险因素不能规避或避险。

(2) 学生自身是特异体质或有特定疾病没有告知。

(3) 体育运动时没有掌握正确的锻炼方法和动作要领，对自己的运动能力不能正确地估计，在没有保护帮助的情况下进行一些力所不能及的高难危险动作导致伤害的发生。

(4) 体育运动中因其他同学的过错或过失导致的伤害。

(5) 运动中学生盲目自信，过高地估计自己的能力造成的伤害。

(6) 学生因睡眠和饮食的质量差、天气欠佳而引起的精神状态不好，间接导致伤害的发生。

9.2.4 其他方面的风险源

造成学生活动风险的其他风险源主要是指由于学校管理者、体育教师、学生自身以外的原因造成的风险，主要包括以下三个方面：

(1) 学生在体育运动中，突然发生意外造成的学生伤害事故。

(2) 体育运动本身具有的风险性，学生在体育运动中可能会发生的运动损伤，比如跑步时脚扭伤、打篮球时手指挫伤等。

(3) 来自自然界的不可抗力因素。

9.3 湘西地区中学生运动伤害事故发生现状

北京师范大学教育政策与法律研究所2001年在全国10个地区对小学四至六年级及初中学生所做的抽样调查显示，因在学校受伤而住过医院的人数比例为5.5%。因为缺乏我国中小学历年有关学校事故发生率的资料，因此无法对该数据做出客观的分析。但是我们可以将此数据与日本中小学学校事故发生率的相关数据进行比较，以判断我国中小学学校事故的发生状况。根据日本健康会的统计，日本中小学学校事故发生率为6.25%[105]。将数据对比发现，我国的学校事故应属于正常情况，之所以会成为一个社会问题跟我国的传统文化、教育观念、学校管理等因素有关。

新一轮的课程改革强调重视学生的主体地位,满足学生们的好奇心、学习需求和爱好,充分发挥他们的探究精神。一些新的教学程序的出现,打破了由教师严格控制的传统教学组织形式,体育运动中学生的自主发展空间加大了,使得体育运动中不可预知的因素大幅度增多了,因此带来了许多安全隐患,导致体育课成为学校伤害事故的主要场所之一。课程改革后体育伤害事故的发生变化统计结果,城市学校中,4.2%的老师认为明显提高,29.2%的老师认为有所提高,41.5%的老师认为有所下降,25.0%的老师认为没有发生变化。农村学校中,8.0%的老师认为明显提高,40.0%的老师认为有所提高,20.0%的老师认为没有变化,16.0%的老师认为有所下降(见图9-2)。由此可见,新一轮的课程改革实施后,湘西地区学生体育教学伤害事故的比例有了一定程度的提高。

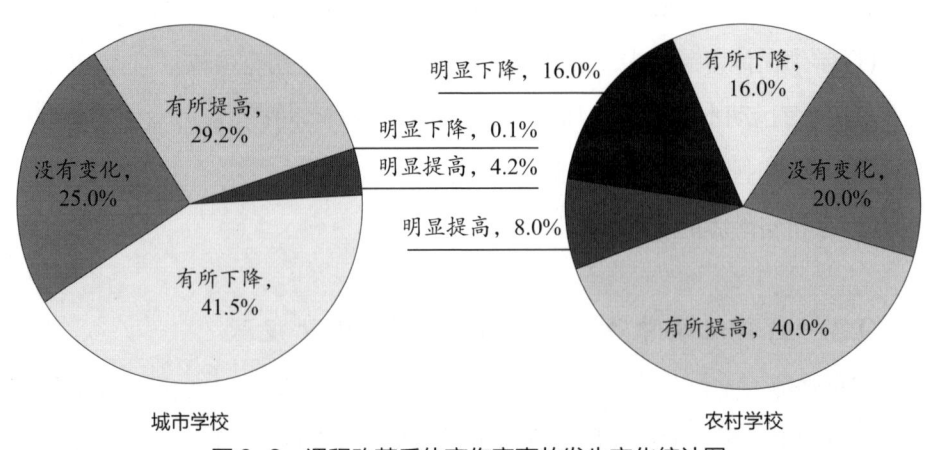

图9-2 课程改革后体育伤害事故发生变化统计图

近年来,体育教学中发生的伤害事故有上升趋势,已经成为影响学生"健康第一"的拦路虎。据教育部统计,全国在校学生每天因意外伤害事故导致的非正常死亡人数有50人左右,而事故导致的伤害则由于学生的受伤程度、受伤种类、受伤范围以及受伤人群的不同而无法估算。

从表9-1中可以看出,22.6%的农村中学生发生过体育运动风险,38.7%的城镇中学生发生过体育运动伤害。说明当前湘西地区中学体育运动发生风险比较普遍，占总人数的31.6%。表9-2是对农村学生和城镇学生受伤情况的方差齐性检验结果，由表中可知，检测统计检验量为$F=87.61$，显著性水平为$0.000(P<0.05)$，城镇学校学生受伤与农村学校学生受伤之间具有非常显著的差异，农村学生体育运动受伤的比例明显高于城镇学生。

表9-1 小学生体育运动受伤情况调查统计一览表（$N=690$）

选项	总体（690） N	总体（690） 百分比	农村（305） N	农村（305） 百分比	城镇（385） N	城镇（385） 百分比
没有	472	68.4%	236	77.4%	236	61.3%
有过	218	31.6%	69	22.6%	149	38.7%

表9-2 不同学校学生受伤人数的方差分析结果

学校	平均值	标准误差	标准平均误差	F检验	P检验
农村（305）	0.23%	0.419	0.024	87.61	0.000
城镇（385）	0.39%	0.488	0.025		

学校体育是学校教育的重要组成部分，在以"健康第一"为指导思想、全面发展学生素质的同时，学校体育更加受到重视，课外活动的形式更加丰富多彩。由于体育运动身体操作性很强，有些运动项目避免不了身体的对抗，很容易造成伤害事故，而且运动器械的使用往往加大了伤害事故发生的可能性。学校体育中发生运动损伤或伤害事故是不可避免的，老师和学校领导要具备运动方向意识，运动损伤是由体育运动的特殊性决定的，是伴随着运动过程的始终的。学生在体育运动中发生的伤害事故，一般来讲，轻微的扭伤、挫伤、拉伤、擦伤等损伤，应视为正常的运动损伤，无论是学校领导、老师、学生还是家长，都应该正确看待。对于非体育运动中出现的运动伤害事故，应该引起学校、老师和教育主管部门的重视。

通过对218名有过受伤经历的学生的受伤的时间的调查（见表9-3）发现，21.0%的学生在体育课上受过伤，15.7%的学生在体育课外运动时受过伤，8.0%的学生在体育课间休息时受过伤，2.0%的学生在参加学校组织的活动时受过伤，6.5%的学生在上学或放学途中受过伤。其中，体育课上受伤的农村学生和城镇学生各占13.8%和26.8%，体育课外运动中受伤的农村学生和城镇学生占各自总体人数的9.8%和20.3%，在体育课间休息时受伤的农村小学生和城镇小学生分别占各自总人数的4.6%和10.6%。调查发现，学生受伤地点与体育运动地点有关的占44.7%，说明体育运动已经成为学校伤害事故主要发生的原因之一，调查发现农村学生和城市学校学生受伤人数存在显著差异。

表9-3 学生受伤地点调查统计一览表

地点选项	总体 N	总体 百分比	农村 N	农村 百分比	城镇 N	城镇 百分比
体育课上	145	21.0%	42	13.8%	103	26.8%
课外体育运动时	108	15.7%	30	9.8%	78	20.3%
体育课间休息时	55	8.0%	14	4.6%	41	10.6%
参加学校组织的活动时	14	2.0%	3	1.0%	11	2.9%
上学或放学途中	45	6.5%	11	3.6%	34	8.8%
家里	14	2.0%	3	1.0%	11	2.9%
其他	8	1.2%	2	0.7%	6	1.6

表9-4可以看出城镇学校学生在体育课上、课外体育运动、体育课间休息时受伤较多，农村学校学生在体育课和体育课间休息时受伤人数较多。并且农村学生和城镇学生在体育课上、体育课外活动中、体育课间休息中受伤与农村小学生在这些场所下受伤存在非常显著性差异。

根据本书对体育伤害事故概念的界定，由表9-3可知，湘西地区体育教学伤害事故体育课上的发生率为21.0%，其中农村学校为13.8%，城镇学校为26.8%，而且城镇学校与农村学校间存在非常显著性差异，城镇学校体育伤害事故发生率明显高于农村学校体育伤害事故发生率。这与城镇学生身体素质较差、自我保护意识较差、对体育课上发生的危险缺乏预见性有关，稍大强度的运动就会导致伤害事故的发生。统计显示，体育伤害事故是当前湘西地区发生率最高的学校伤害事故之一，这与体育自身所具有的运动性、激烈性、对抗性和教学环境的开放性等课程特点有关。

表9-4 不同学校学生受伤原因的方差分析结果

地点选项	农村学校 平均值	农村学校 标准差	城镇学校 平均值	城镇学校 标准差	显著性
体育课上	0.14%	0.345	0.27%	0.443	**
课外体育运动时	0.10%	0.298	0.20%	0.402	**
体育课间休息时	0.05%	0.210	0.11%	0.309	**
参加学校组织的活动时	0.01%	0.099	0.03%	0.167	
上学或放学途中	0.04%	0.187	0.09%	0.284	**
家里	0.01%	0.099	0.03%	0.167	
其他	0.01%	0.081	0.02%	0.124	

注：** 表示两者间存在非常显著性差异，* 表示存在显著性差异。

9.4 小　结

（1）中学生体育运动风险识别主要是对在中学生参加体育运动中可能发生的和潜在的运动伤害风险进行分析、判断和归类，并提出提前预测的计划和应对的措施。中学生体育运动风险识别是对学生体育运动进行风险管理的第一步。

（2）中学生体育运动风险识别是个连续不断、动态的过程，许多潜在的风险需要反复多次调查分析才能被发现。筛查出湘西地区中学生参加体育运动的主要风险源是对其进行风险识别的重点。

（3）体育运动已成为湘西地区学校伤害事故多发的主要原因之一，体育教学伤害事故发生率为21.0%，其中农村学校为13.8%，城市学校为26.8%，城市学校与农村学校间存在非常显著性差异，城市学校发生率高于农村学校。

第10章 湘西地区中学生体育运动风险评估

10.1 中学生体育活动风险评估方法

为了了解中学生体育运动风险对湘西地区中学生参加体育运动可能产生的影响,在对中学生体育运动进行风险识别之后,还应对他们面临的这些风险进行评估,以确定这些风险对中学生的影响程度[20]。

在保证中学生体育运动风险评估有效性的同时,本书采用列表排序法来让体育教师和专家评估中学生参加体育运动的风险。邀请湘西地区各级各类中学体育教师对中学生参加体育运动的风险进行评估。因为体育教师是学生体育运动风险事件的主要经历者,有着丰富的经验,能够对学生参加体育运动的各种风险因素进行科学评估。

所谓列表排序法,就是用逐项评分的方法来量化体育运动风险的大小,事先确定评估标准,然后由专家小组对预先识别出来的风险发生的可能性、严重性和可控性等指标进行打分,然后3个分值相乘,得出不同风险的风险量(R)[20]。一般风险量值越高,表示风险越大,需要制定相应的措施进行风险应对[24]。传统的列表排序法采用10级评判,本书采用5级评判的方法来评估中学生体育运动风险量[15]。现代项目管理方法中风险量(Rv)计算的公式为:

$$Rv = P \times S \times C$$

式中,P为风险发生的可能性;S为风险发生的严重性;C为风险发生的可控性。

第 10 章 湘西地区中学生体育运动风险评估

湘西地区中学生体育运动风险识别的具体操作为：请体育教师根据多年从事体育教学和训练的实际情况，评估中学生在体育运动中发生风险的可能性、严重性和可控性，并在相应空格内填上相应的数字。例如，体育教师认为某一项风险发生"有点可能""不太严重""较易控制"，就在后面的空格内分别填上3、3、2即可。为了能更准确地对中学生体育运动风险进行评估，研究借鉴了石岩[20]的风险识别量表，并结合湘西地区中学生体育现状编制了湘西地区中学生体育运动风险评估表（见表10-1）。

表 10-1　湘西地区中学生体育运动风险评估表[18]

风险来源	风险评估		
	可能性	严重性	可控性
学校和教师在日常工作中对体育工作的安检不够和安全教育缺乏			
体育场地设施不符合规范要求，设备陈旧			
体育场地器材存在安全隐患			
体育课没有明确的教学任务，让学生自由活动			
体育教师在体育课上体罚或变相体罚学生			
体育课上的安全保护措施不够			
准备活动不充分			
体育教师的教学手段不科学、组织不严密，教学超出教学大纲，对学生提出过高的要求，体育教师对技术动作的讲解示范不够			
学生没有掌握正确的锻炼方法和要领，对自己的体能不能正确地估计，技术动作不正确或动作突发性失常			
学生的纪律松散，擅自进行与课程无关的运动			
学生的身体素质达不到运动要求			
体育教学安排的教学内容不符合学生生理特点			
学生自身是特异体质或有特定疾病而不告知，第三者同学的过错或过失			
学生主观上不遵守纪律，不按规范动作要求学练			

表 10-1(续)

风险来源	风险评估		
	可能性	严重性	可控性
学生因睡眠和饮食的质量欠佳而引起精神状态不好,间接导致伤害的发生			
其他同学造成的受伤			
体育运动本身存在一定的危险性,学生在体育运动中发生的纯粹的意外事故			
目前所存在的竞技化的教材体系,来自自然界的不可抗力因素			
其他(请补充)			

10.2 湘西地区中学生体育运动风险评估结果分析

10.2.1 中学生体育运动风险致因评估结果(见表10-2)

表10-2 学生认为自己受伤原因调查统计表

风险致因选项	总体		农村		城市	
	N	百分比	N	百分比	N	百分比
准备活动不充分	82	11.9%	26	8.5%	5	14.5%
身体素质达不到运动要求	61	8.8%	20	6.6%	41	10.6%
做运动时心理胆怯或冲动造成	37	5.4%	11	4.3%	24	6.2%
自我保护意识太差	97	14.1%	31	10.2%	66	17.1%
做动作时注意力不集中	77	11.2%	26	8.5%	51	13.2%
体育场地器材存在安全隐患	89	12.9%	25	8.2%	64	16.6%
体育教师安排的教学内容不符合学生生理特点	55	8.1%	10	3.3%	45	11.7%
体育课上的安全保护措施不够	23	3.3%	6	2.0%	17	44%
其他同学造成的	29	4.2%	9	3.0%	20	5.2%
其他	6	0.9%	2	0.7%	4	1.0%

在对影响湘西地区中学生体育运动风险的因素进行列表排序评估分析发现,学生的受伤原因之间存在非常显著性差异。对影响学生体育教学伤害事故的 11 个变量进行因子分析,旨在揭示当前学生受伤原因的因子结构是否具有特定的因子定向以及引起城镇学生和农村学生受伤的主要原因之间是否存在差异。把学生受伤的 11 个因素分别取名为变量 $X1$ 至变量 $X11$。按特征值 $\lambda>1$ 的原则分别提取四个主成分,确定这四个主成分所载荷的变量是影响学生受伤的最主要因素。根据以上选取的主成分得出各特征值的特征变量及正交因子载荷矩阵(见表 10-3)。

表 10-3 旋转后因子载荷矩阵

变量名	城镇学校			农村学校		
	1	2	3	1	2	3
$X1$	0.746	0.300	−0.015	0.491	0.413	−0.122
$X2$	0.801	−0.103	0.312	0.822	0.192	−0.012
$X3$	0.782	−0.032	0.233	0.678	0.192	−0.042
$X4$	0.578	0.328	0.051	0.731	0.089	0.071
$X5$	0.488	0.385	−0.251	0.741	0.188	0.052
$X6$	0.076	0.057	0.792	0.362	0.163	0.657
$X7$	0.280	0.769	0.032	−0.079	0.731	0.070
$X8$	0.023	0.042	0.804	0.201	−0.013	0.126
$X9$	0.185	0.530	0.053	0.249	−0.583	−0.120
$X10$	0.184	0.144	−0.091	0.522	−0.274	0.433
$X11$	0.253	0.132	−0.103	−0.039	0.111	0.772

◎第一类:学生运动参与因子。

通过因子分析(表 10-3、表 10-4)发现学生运动参与因子是影响湘西地区小学生体育教学伤害事故的主因子,反映出学生的体育安全意识比较淡薄。"学生身体素质达不到运动的要求""学生准备活动不充分""学生做动作时心理胆怯或冲动""学生做动作时注意力不集中""学生自我保护意识太差",排序为1、2、3、4、5。

表10-4 各主成分载荷较大变量

	城镇学校	农村学校	
第一主成分	学生身体素质达不到运动的要求	学生身体素质达不到运动的要求	学生运动参与因子
	学生准备活动不充分	学生做动作时心理胆怯或冲动	
	学生做动作时心理胆怯或冲动	学生自我保护意识太差	
	学生做动作时注意力不集中	学生做动作时注意力不集中	
	学生自我保护意识太差	学生准备活动不充分	
第二主成分	教学内容不符合学生生理特点	教学内容不符合学生生理特点	教师教学因子
	体育课上的安全保护措施不够	体育课上的安全保护措施不够	
第三主成分	体育场地器材存在安全隐患	体育场地器材存在安全隐患	场地器材因子

身体实践性是体育运动最突出的一个特点,所有的体育运动技能学习和练习都必须以身体实践操作的形式进行。在体育教学或课外活动中,学生不仅要有准备活动、教学活动等身体行为的出现,而且有认知、情感、意志、兴趣等心理方面的投入和获得。

体育教学中,教师应引导学生认真做好准备活动,让学生明确体育运动前准备活动的意义,培养学生自信的态度和遇见危险的能力,通过准备活动让身体的肌肉"兴奋"起来,同时也要对运动中容易受伤的部位,相应地做一些辅助性的活动,激活身体关节肌肉。教师同时还要教会学生做准备活动,学生在身体运动前都能重视准备活动,预防在体育运动中受伤。

◎第二类:教师教学因子。"教学内容不符合学生生理特点""体育老师提供保护帮助不力"是造成学生运动伤害的主要因子。

体育教师是学校体育教学和体育运动的组织者和引导者,不仅要掌握体育专业知识和体育运动技能,而且需要掌握一般的专业知识。合格的体育教师需要具有广博的知识和对各种危险的超前预见性，能在第一时间避免伤害事故的发生。体育教师在教学中要做到以下几点：

（1）时刻抓好安全教育，提高学生预防运动损伤的意识。

（2）严格按照体育教学大纲和体育教学计划安排教材和教法。练习时要由慢到快、由易到难、由简到繁，科学地安排练习顺序。不强求学生去完成力所不及的练习内容。在运动量的安排上，要注意由小到大，并要根据学生的不同情况做出合理安排，以使不同素质的学生都能逐步适应。

（3）认真备课，对教学中可能出现的伤害事故要有预防措施。

（4）加强学生的组织纪律性教育，加强医务监督，培养学生自我保护意识。对患有急慢性传染病的学生要禁止或劝其少活动，避免恶性事故的发生。

（5）要教会学生自我监督的方法，要求学生随时注意自己的身体有无疲劳现象，并及时向教师报告不适情况。

◎第三类：场地器材因子。"体育场地器材存在安全隐患"是造成学生运动伤害的第三类因素。

《学校体育工作条例》第二十条规定："学校体育器材应当纳入教学仪器供应计划。新建、改建学校必须按照有关场地、器材的规定进行规划、设计和建设。"[106]。《中华人民共和国体育法》第二十二条规定："学校应当按照国务院教育行政部门规定的标准配置体育场地、设施和器材。"[107]学校管理部门应组织人员定期检查体育场地、设施、设备，及时维修和增添器材设备，体育教师不仅有责任检查学生会用到的体育器材的安全性，还应具有高超的场地器材安全保护技能，来保证学生的运动安全。

对影响因子排序归类发现，影响湘西地区体育教学伤害事故的因子主要有学生运动参与因子、教师教学因子和体育场地器材因子；学生运动参与因子是影响湘西地区体育教学伤害事故的主要因子，城镇学校与农村学校之间没有差异；湘西地区体育教学应注重学生安全知识的教育、提高体育教师的教学安全意识、重视场地器材的安全性。

10.2.2 体育风险对体育教师教学行为的影响评估

近年来,学生在校人身伤害事故不断增多,体育伤害事故是发生率最高的学校伤害事故之一,这与体育自身所具有的运动性、激烈性、对抗性和开放性等特点有关。面对"防不胜防"的这类事故,不少学校被迫采取诸如取消危险性的教学活动内容、对学生在校活动范围严格限制等措施。这种"因噎废食"的措施不利于学生的全面发展,严重影响了素质教育向深层次的推进[25]。随着学校事故日益受到社会关注,这种影响已经超出学校教育的范围,演变成一个社会问题,严重影响了学生体质的健康发展和体育教师的教学有序性。

10.2.2.1 体育教学事故后体育教师担心的问题

为了检验"老师对学生发生事故最担心的问题"的认知是否受教师的年龄、学历、职称、文化程度、教龄的影响,通过多因素方差分析,把"老师对学生发生事故最担心的问题"作为因变量,其他作为自变量。由表10-5可以看出,校正模型的 F 值均未达到显著性水平,显示"老师对学生发生事故最担心的问题"这一因素不受教师的年龄、学历、职称、文化程度、教龄的影响,说明这是目前普遍存在的问题,应该引起足够的重视。

表 10-5 组间效应检验

误差来源	离差平方和	自由度	均方	F 值	显著性
方差	33.647	32	1.051	0.531	0.938
截距	251.856	1	251.856	127.120	0.000
学校	0.967	1	0.967	0.488	0.495
年龄	0.788	2	0.394	0.199	0.822
职称	10.869	4	2.717	1.372	0.288
教龄	2.783	3	0.928	0.468	0.709
文化程度	2.618	1	2.618	1.321	0.267

由图10-1可以看出,当伤害事故发生后,城市学校老师和农村学校老师最担心的是造成学生的身体疼痛,说明当事故发生后体育老师都能从学生

的立场考虑问题。事故发生后，32.0%的农村中学老师担心受到家长的责怪，16.0%的农村学校老师担心牵扯到法律纠纷，8.0%的农村学校老师担心受到学校的处分。5.7%的城市学校老师担心牵扯到法律纠纷，20.8%的城市学校老师担心受家长的责怪，12.5%的城市学校老师担心受到学校的处分。

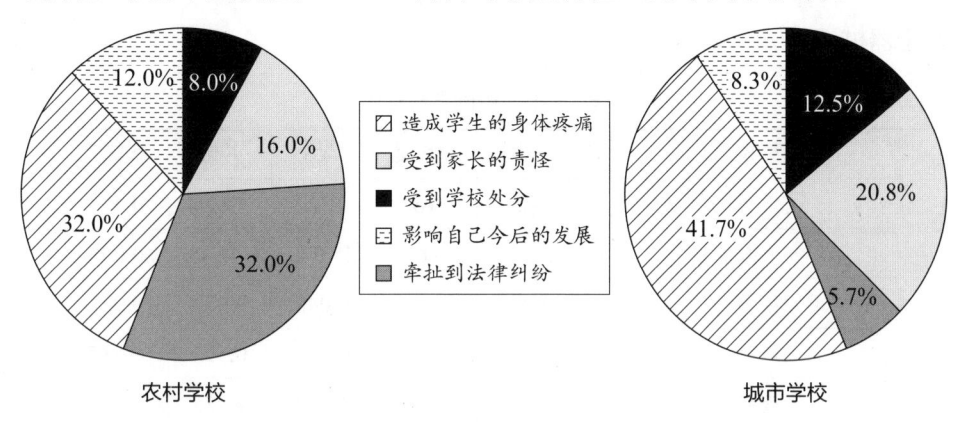

图 10-1　学生发生伤害事故后老师最担心的问题统计图

从以上分析可以看出，当体育伤害事故发生后，所有的老师都能首先为学生着想，其次是他们担心会牵扯到法律纠纷、受到家长的责怪、受到学校的处分等问题的出现，担心体育伤害事故的发生会影响自己的发展，导致后来他们在体育课教学内容的选择上和教学方法的运用上会格外小心，承受的压力比其他学科的老师更大。调查发现，很多体育教师在选择教学内容、教学方法时，往往将容易发生教学伤害事故的动作、技术删减掉。调查中还发现，体育老师选择的教学内容不符合学生生理特点、教学方法不当是目前引起学生体育伤害事故的最主要因素之一，应该引起学校领导、体育教师的足够重视。

为了检验体育老师在教学内容选择时是否受学历、年龄、教龄、文化程度等因素的影响对"易发生运动损伤的运动项目进行删减"，把"是否对易发生运动损伤的运动项目进行删减"作为因变量，其他作为自变量，分析结果见表10-6。从表10-6中可以看出，校正模型的 F 值均未达到显著性水平，进一步分析发现，以"职称"为主效应，与"年龄""文化程度"和"教龄"的交互作用均未达到显著性水平，说明体育老师对易发生运动损伤的运动项目进行删减具有普遍性。为了安全起见，很多学校已经没有了单双杠、跳马等器械；前滚翻、跳马等一些易发生伤害事故的技术动作已经从教学内容中删减，体育老师不愿教或降低难度教器械课是普遍现象，现在的体育教学公开课也很难见有老师上器械课[59]。

表10-6 组间效应检验

误差来源	离差平方和	自由度	均方	F 值	显著性
校正模型	11.625	16	0.727	1.174	0.438
方差分析	45.940	1	45.940	74.211	0.000
年龄	0.095	2	0.048	0.077	0.927
职称	1.108	3	0.369	0.596	0.637
教龄	4.133	3	1.378	2.225	0.173
文化程度	0.250	1	0.250	0.404	0.545
学校	0.000	0	.	.	.
年龄+职称	0.000	0	.	.	.
年龄+教龄	0.000	0	.	.	.
职称+教龄	0.000	0	.	.	.
年龄+职称+教龄	0.000	0	.	.	.
年龄+文化程度	0.000	0	.	.	.
职称+文化程度	0.000	0	.	.	.
年龄+职称+文化程度	0.000	0	.	.	.
教龄+文化程度	0.000	0	.	.	.

新一轮的体育课程改革的具体目标是增强学生体能，掌握和应用基本的体育运动知识和运动技能；培养学生运动兴趣和爱好，形成坚持锻炼的习惯；具有良好的心理品质；提高学生对个人健康和群体健康的责任感，形成健康的生活方式；发扬体育精神，形成积极进取、乐观开朗的生活态度[60]。这五个方面的目标是相互联系、互相融合的，运动参与和运动技能的学习是达成整个课程

目标的载体[62]。运动技能和运动技能教学是实现五个目标的"载体"[63]，体育技能教学要求增强学生体能，掌握基本的运动知识和运动技能、培养乐观进取的生活态度等。而由表10-7可以看出，目前体育教师在教材内容的选择上比较谨慎，为了尽量避免事故的发生，大部分老师在选择教材内容时采取一些消极预防手段，如降低教材难度及减负减量，对稍有挑战的教材干脆去掉，更有甚者仅做一些简单的运动或采取"放羊"的手段敷衍了事，有的老师借"淡化运动技能教学"对自己的行为进行掩护，使得体育课没有了教学的过程。笔者实地考察发现，不少体育课几乎是"放弃了运动技能"教学，游戏占了教学课的大部分内容，剩下的技能教学只不过是走走过场，连"蜻蜓点水"都算不上；甚至有的体育课就是学生自由活动，连教师的影子都看不到。这样既影响了体育教学工作的开展，阻碍了体育教学的发展，极大地影响了学生身体机能的提高，同时也造成了学生"喜欢体育运动，不喜欢上体育课"这种尴尬局面的出现，使得新一轮的体育课程改革的五个目标难以真正实现。曲宗湖教授对学校体育教学中因安全问题的存在而发生的这种"因噎废食"的现象十分忧虑，他认为眼下这种现象是体育教学的倒退，不利于素质教育的推进。这种令人担忧的现象在湘西地区的中学中具有普遍性，应该引起教育主管部门足够的重视。

表10-7 体育老师对易发生运动损伤的动作处理态度调查表

选项	总体（49）N	总体（49）百分比	农村老师（25）N	农村老师（25）百分比	城市老师（24）N	城市老师（24）百分比
应该删减	23	46.9%	12	48.0%	11	45.8%
视情况而定	17	34.7%	10	40.0%	7	29.2%
没有必要删减	9	18.4%	3	12.0%	6	25.0%

调查中还了解到，大部分体育教师惧怕上器械课。他们担心发生教学伤害事故后，造成学生身体的疼痛、牵扯到法律纠纷、受到学校的处分影响自己今后的发展。据了解，不少学校把刚安装不久供学生课外活动用的室外运动器械又拆了下来，由此可见，实现新课程目标、学生的价值取向与体育教师教学实

施之间存在着矛盾。

10.2.2.2 体育运动风险对体育教师的教学认知态度的影响

由表 10-8 可以看出，体育教学伤害事故的发生对 94% 的体育教师的教学有影响，由此可见体育教学伤害事故的发生对体育教师的心理造成了负面影响，使其在教学中承受着极大的心理压力，在教学中过度考虑安全问题，无法根据水平目标选择学生发展需要的教学内容，将容易发生教学伤害事故的动作、技术删减。体育教师过多地关注教学过程中的安全问题，完全违背了《体育与健康课程标准》中"运动参与—运动技能—身体心理健康—社会适应"的多元目标的实现途径和方法，无法实现体育课程"健康第一"的理念。中小学体育课程能够培养学生的核心素养，提升学生的综合素质。目前这种普遍存在的现象，使得学生很难拥有体育运动的意识，身心很难得到全面发展。

表 10-8 对体育教师教学影响的统计表

选项	影响非常大	有一定影响	没有影响	说不清
频数 / 次	34	12	3	0
百分比 /%	69	25	6	0

10.2.2.3 学校领导的态度对体育教师教学行为的影响评估结果

由表 10-9 可以看出，事故发生后绝大多数的学校领导能够及时查明事故原因，与家长协商解决问题，而调查中发现，25% 的领导对发生事故的教师会采取极端的处分措施。事实上，大部分学校领导都能够理智地对待教学伤害事故，能够及时查明原因、与家长共同解决问题，体现出学校的人性化教育理念。但是还有一部分学校的领导让老师自己解决体育教学伤害事故，这是影响体育老师在选择教学内容和教学实施过程中删减运动技能教学的因素之一。事故发生后有关部门的消极介入甚至坐视不管，都会给事故的解决增加难度，不仅给学生、家长造成身体和精神的负担，从而引发法律纠纷，同时也会给后续的教学造成消极的影响。

表 10-9 学生受伤后学校领导态度调查统计表

选项	总体（49） N	总体（49） 百分比	农村老师（25） N	农村老师（25） 百分比	城镇老师（24） N	城镇老师（24） 百分比
对老师进行处分	12	25%	9	36%	3	13%
让老师自己解决	11	22%	3	12%	8	33%
查明原因，与家长协商解决	26	53%	13	52%	13	54%

10.2.2.4 体育运动风险对体育教师选择教学内容的影响的评估

从表 10-10 可以看出，47% 的体育教师表示应该对容易发生运动损伤的教学内容进行删减，35% 的教师表示教学中会根据实际情况做出决定。笔者在访谈中发现，很多学校已经没有了单双杠、跳马等器械，前滚翻、跳马等一些易发生伤害事故的技术动作已经从教学内容中删减。体育教师不愿教或降低难度教器械课是普遍现象，现在的体育教学公开课也很难见到体育教师上器械课。

表 10-10 体育老师对易发生运动损伤的教学内容处理态度调查统计表

选项	总体（49） N	总体（49） 百分比	农村老师（25） N	农村老师（25） 百分比	城镇老师（24） N	城镇老师（24） 百分比
应该删减	23	47%	12	48%	11	46%
视情况而定	17	35%	10	40%	7	29%
没有必要删减	9	18%	3	12%	6	25%

把"是否对易发生运动损伤的运动项目进行删减"作为因变量，其他作为自变量（见表 10-11），显示校正模型的 F 值均未达到显著性水平，进一步分析也就是以"职称"为主效应，与"年龄""文化程度和"教龄"的交互作用均未达显著性水平，说明体育老师对易发生运动损伤的运动项目进行删减是普遍存在的问题。

表 10-11 组间效应检验

误差来源	离差平方和	自由度	均方	F 值	显著性
方差	11.625	16	0.727	1.174	0.438
截距	45.940	1	45.940	74.211	0.000
年龄	0.095	2	0.048	0.077	0.927
职称	1.108	3	0.369	0.596	0.637
教龄	4.133	3	1.378	2.225	0.173
文化程度	0.250	1	0.250	0.404	0.545

调查还了解到，大部分体育教师惧怕上器械课。他们担心使用器械时会发生教学伤害事故，会给学生造成身体的疼痛，会让自己牵扯到法律纠纷中，自己会受到学校的处分影响今后的发展。为了规避这些风险，体育教师的教学内容一般选择比较容易、安全隐患小的低强度练习。调查中还发现，有些学校把刚安装不久供学生课外活动用的运动器械如单杠、双杠、吊杆等拆了下来，就是为了防止学生在运动中受伤。1997年至今，国家教委、教育部、国务院出台了一系列政策法规来保障学校体育工作，对学生健康素质提出了一系列意见和建议，但是在实现新课程目标和学生的价值取向上与体育教师教学实施之间存在着激烈的矛盾，中小学体育教学目标的实现任重道远。

10.2.2.5 运动伤害事故对体育教师教学手段应用的影响

从表10-12可以看出，体育教学中能够"非常灵活""很灵活"运用教学手段的教师只占32%，教学方法与教学手段运用不当是造成学生体育教学伤害事故的主要原因之一[48]，说明在教学中能够灵活运用教学手段的体育教师较少。合理运用教学方法和教学手段进行有效课堂教学是湘西地区大部分体育教师的短板，专业素养有待提高，尤其是其他课任教师兼任体育教师无法有效地开展体育课堂教学，希望能够引起教育主管部门的重视。

表 10-12 运用教学手段的情况调查

选项	非常灵活	很灵活	一般	很少运用
人数/个	8	8	10	23
百分比/%	16	16	21	47

10.3 学生发生伤害事故后的解决方式

10.3.1 学生受伤后体育教师和学校的处理方式

表 10-13 显示了事故发生后绝大部分体育老师能够或者有时能够冷静处理，而少数体育老师表示不能够冷静处理，势必会引发学校与家长之间的纠纷。

表 10-13 学生受伤后老师的处理统计表

选项	总体 N	总体 百分比	农村老师 N	农村老师 百分比	城市老师 N	城市老师 百分比
可以	13	52.0%	11	45.8%	24	49.0%
有时可以	10	40.0%	11	45.8%	21	42.9%
不能	2	8.0%	2	8.4%	4	8.2%

由表 10-14 可以看出，当发生体育教学伤害事故后，绝大部分的学校老师都能对受伤的学生进行简单处理或通知校医处理，还有一部分学生认为他们受伤后体育老师对此根本不管，体现出教学伤害事故处理过程中存在管理问题，为体育教学事故纠纷埋下了隐患。从表 10-15 可以看出，学生受伤后的处理方式跟学生受伤情况之间存在明显的正相关关系。调查中发现，大部分学校没有专门针对学校教学事故处理的应急机制，当教学事故发生后学校也没有专门的处理措施与预案，学校与学生家长相互推卸责任，引发了很多教学事故纠纷，也给学生、家长带来了很多身体、精神上的伤害，同时也给教育部门、学校的工作开展带来了很多困难，最终严重阻滞了湘西地区学校体育工作的开展。这些都是当前各个教育部门、学校领导迫切需要解决的问题。

表10-14 学生发生伤害事故后学校处理方式调查统计一览表

选项	总体 N	总体 百分比	农村初中生 N	农村初中生 百分比	城市初中生 N	城市初中生 百分比
简单处理	106	53.0%	36	59.0%	70	50.7%
通知校医	59	29.5%	14	23.0%	45	32.3%
根本不管	35	17.5%	11	18.0%	24	18.0%

表10-15 相关性分析

变量1	变量2	相关系数	P值	意义
伤害事故的发生情况	受伤后学校采取的措施	0.790	0.00	正相关

10.3.2 发生体育伤害事故后解决的途径

当体育教学伤害事故发生后，65.3%的体育老师认为学校事故应该通过保险途径解决，28.5%的老师认为需要学校和家长共同协商解决，6.1%的老师认为学校事故需要通过第三者（第三者是指从事法律工作的单位或个人，如律师、律师事务所等）或中介机构出面解决（见图10-2）。这进一步体现出，随着各校对保险工作宣传力度的加大和普法工作的深入，社会各界已经意识到了保险的重要性，保险赔偿已经成为解决学生在校伤害事故的一种有效的、逐渐被社会认可的方式。随着人们保险意识的增强，保险赔偿将会起到更加重要的作用。

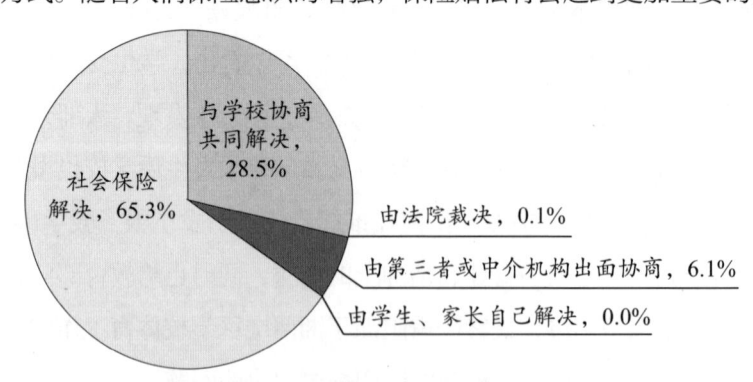

图10-2 学生发生伤害事故后解决的途径

如果家长与学校在处理事故过程中产生纠纷，75.5%的被调查老师认为学校与家长应该尽量和解，2.1%的被调查老师认为由教育行政部门出面解决，两者共计77.5%，说明当产生纠纷后大部分老师认为应该采取内部解决或"私了"的方式（见图10-3）。而调查统计显示，发生学生伤害事故后绝大部分家长也同意采取这种方式，说明老师和家长法律意识观念淡薄，应该加强法律知识的宣传，增强人们的法律意识。16.3%的被调查老师认为应通过第三者或中介机构解决，目前杭州市中小学校学生伤害事故调解委员会就聘请了市人大、政协、法制办、教育局、公安局、卫生局、司法局等有关部门的专家担当调解员，负责调解杭州市中小学学生意外伤害事故，以达到妥善解决矛盾，维护社会稳定的目的。但是由于调解委员会只是一个政府机构，并不具备法律实施的强制力，而且缺乏经费保障，严重制约了工作的开展。

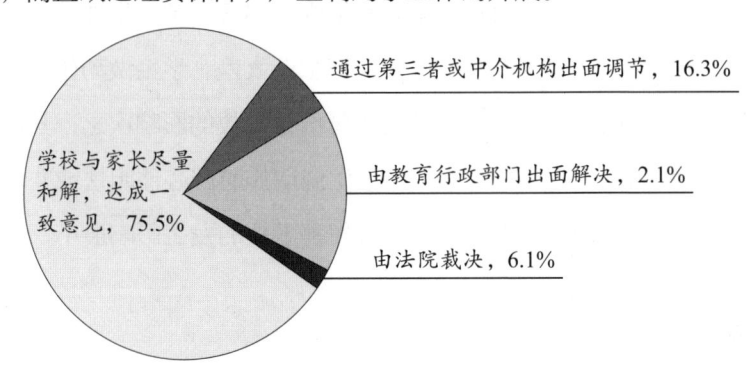

图10-3 学校和学生发生体育伤害事故解决办法统计

当事故处理纠纷发生后，被调查老师认为选择法院裁决的比例为6.1%，而选择第三者或仲裁机构出面参与处理事故纠纷的比例为16.3%，是选择法院裁决这种方式的近3倍。说明了家长、老师当内部解决或"私了"的方式不能解决问题时，求助于法律的意识较强。

10.4 小　结

（1）为了能更准确地对中学生体育运动的风险进行评估，在对"中学生体育运动的风险源"进行分析的基础上，从中学生体育运动风险定义出发，笔者对参加体育运动的中学生、体育教师、体育运动的外部环境方面的风险展开了调研，编制了《湘西地区中学生体育运动风险评估表》，并请有关专家对这一评估表内容进行了审核与修正。

（2）在查阅文献后发现，湘西地区的中学生体育运动风险评估采用的改良列表排序法是在传统的风险发生可能性（P）与后果严重性（S）的基础上加上风险控性（C）维度的一种综合的评价方法。在风险识别的基础上，笔者对湘西地区中学生、体育教师、领导展开了调研，找出了影响湘西地区体育运动伤害事故的风险源并进行了分析。

（3）根据中学生体育运动的项目风险排序，把体育运动的项目按风险因子贡献进行因子分析。笔者分析发现，学生身体素质达不到运动的要求、体育场地器材存在安全隐患、体育教师安排的教学内容不符合学生生理特点是影响农村中学生受伤的最主要原因；学生自我保护意识太差、学生做动作时注意力不集中、其他同学造成等对农村学生发生体育伤害事故的影响次之；其他原因造成和天气、光线太差的影响再次之；而学生做动作时因心理胆怯或冲动造成以及体育老师提供保护帮助不力对农村体育伤害事故的发生影响最小。

第11章　湘西地区中学生体育运动的风险应对

中学生体育运动的风险应对是指在对中学生体育运动中可能遇到的各种风险源与风险事件进行识别、评估的基础上，提出应对方法与策略[83]。

目前，中学生体育运动的风险应对策略主要有风险回避（risk avoidance）、风险降低（risk reduction）、风险自留（risk acceptance）、风险转移（risk transfer）等[83]。结合查阅的各类资料整理出中学生体育运动的各项风险源与风险应对策略选择的基本原则（见表11-1）。

表 11-1　风险应对策略选择的基本原则[83]

具体情况	应对策略
对危害大、概率大的风险要避免	风险回避
对危害小、概率大的风险，可采取降低风险发生量	风险降低
对危害大、概率小的风险，可采取保险或合同条款将责任转移	风险转移
对危害小、概率小的风险，可采取积极手段控制	风险自留

风险回避是指当学生参加体育运动时，风险发生的可能性太大，不利后果也太严重，又没有其他策略或方法来应对这样的风险时，就需要考虑主动放弃参加体育运动[83]。风险回避是最简单、最为消极的一种风险应对策略，学校体育工作中已经出现了很多用风险回避的方式来应对体育运动风险，对学生课后体育运动"处处限制"。有些学校采取"体育课删减运动技能教学""拆除体

育器械"等因噎废食的消极做法，甚至有的领导说"宁可学生坐在教室里不运动，也不愿意看到学生在运动中发生意外"。某些校领导表示采用这样的风险回避策略是无奈之举，也是一种暂时的退却。风险回避策略是一把双刃剑，这些因噎废食的做法虽然可以暂时回避体育运动中的风险，但是同时学生也失去了体育运动的权利，不能促进身心健康发展，已经严重制约了学校体育活动的正常开展。

风险降低是一种积极的风险应对手段，是学校体育运动风险应对的主要策略。它包括风险防范与风险减轻两种方法[108]。风险防范是指事前采取一定措施降低不利事件发生的可能性（概率）；风险减轻是指不利事件发生时采取措施减轻其不良后果[83]。风险降低和风险减轻是一种积极应对风险的措施，在学校体育风险管理中，风险主体应该积极主动地在风险识别的基础上采取一系列降低和减轻风险的措施，降低风险的发生和减轻风险发生后的不良后果。

风险转移又叫合伙分担风险，其目的不是降低风险发生的概率和减轻风险不良后果，而是借用合同或协议，将风险事故时损失的一部分转移到项目以外的第三方身上，如家长为学生投保"人身意外伤害保险"和学校集体购买"学校责任保险"[83]。

11.1 湘西地区中学生体育运动风险应对

11.1.1 应对体育运动本身的风险

体育运动的身体实践性使得体育运动存在受伤的风险，体育运动自身的竞争性、对抗性、身体动作的不确定性等本质属性[104]，使得体育运动风险不会因为场地、器材、教师、学生等因素而消失，但是可以通过改变这些因素来降低运动中发生体育伤害事故的损失程度和概率。体育教师必须不断提升自身风险意识，在做教学设计时对体育运动存在的可能受伤的风险充分做好规避预案，同时在教学中及时地通过各种手段提高学生风险认知，使学生具备安全运动的意识和能力。

11.1.2 应对学生能力的风险

学生能力风险分析是指学生因体能、技能或特异体质等个人原因形成的运动风险[104]。学生的运动能力、风险识别能力和危险应对能力会随着年龄、思维和运动学习经历的增加而逐渐提高。长期以来，由于学校教育中安全教育的缺失，学生在成长过程中出现的生命困惑与健康问题得不到及时有效的指导，学生心理脆弱、思想困惑、行为失控，校园伤害、意外事故、自杀等危及青少年学生人身安全事件时有发生。教育部已经要求各地教育部门和各级各类学校要把师生的生命安全放在第一位，全面深入地推动中小学生安全教育工作。但是大部分学校的安全教育往往只是通过几场报告、几次演习，甚至以配备相关的"安全课本"来代替；在学校教育实践中，有关青少年安全和健康的教育至今仍是空白，即使有些学校进行了安全知识教育，但生命安全教育选择的内容、形式、手段比较简单，只是单纯的理论知识讲解，而缺乏相应的实践操作，更没有设置相应的课程，使得生命安全教育缺乏实践性和可操作性，学生在真正面临危险时还是不知所措，成为"应试教育"的牺牲品。我国0~14岁儿童意外死亡专项调查显示，在各种死亡原因中，意外死亡已占第一位[110]。生命安全教育已经成为一个时代课题，虽然目前中小学都有安全教育课本，但实际上几乎没有学校安排过安全教育进课堂。而根据体育教学独有的特点和优势，在教学过程中培养学生的安全防范意识，减少和避免意外伤害事故的发生，成为当今教育工作者必须认真进行思考和研究的新课题。

11.1.3 湘西地区初中学校体育卫生检测风险

在新课程标准理念下，体育与健康课程的学习不再是单纯的身体锻炼，更应关注学生健康生活方式的培养与安全教育等综合素质的提高，根据体育教学独有的特点和优势，在教学过程中培养学生的安全防范意识，减少和避免意外伤害事故的发生，成为学校风险防控的新课题。初中阶段的体育教学不仅要引导学生学习并践行良好的安全行为习惯，而且应结合体育的身体操作性传授给学生安全应急与避险等方面的知识和技能。学生生命安全教育是长期困扰学校教育工作的难题，学生意外事故的发生给孩子的家庭造成了无法弥补的生理和精神伤害，成为学校管理工作不可回避的难题，同时也影响了学校教育教学工作的正常开展，并且给教育行政部门、学校及教师造成了教学管理上的困惑与不安，引起了教育界及社会各界的广泛关注和重视。

现在有些学校结合本校的实际，通过各种途径、运用各种方法大力开展学生安全教育，结合体育教学的特点，对学生进行必要的安全教育、防护教育与救护教育。这不仅是体育教学自身的需要，也是现代体育教学"健康第一"教育思想所提出的要求，有着深远的意义。由此可见，将安全教育融入体育教学课程之中是体育课程内容改革的必然发展趋向[109]。这值得湖南省教育部门在学校安全管理和教学教育方面借鉴，把安全教育纳入到正常的教学中，以提高学生的安全防范意识。

体育与健康课程是"以增进中小学生健康为主要目的的必修课程"，以大量课外体育运动为支撑。除了本身所具有的健身功能外，还能有效地提高人体的各种自救能力，避免机械外力的伤害和人身伤害。生命安全包括身体安全、心理安全、安全意识和安全技能。生命安全教育既是体育健康课程的一部分，同时也是体育健康课程的进一步延伸，更是对体育健康课程理论的进一步阐述和完善。利用体育健康课程理论来实现生命安全教育理论的界定和诠释，同时针对体育健康理论对中小学生的影响，把生命安全教育理论在中小学生阶段进行推广，在体育健康课程的基础上进一步开展生命安全教育已经成为一种必然的趋势，这对我国基础教育有着深远的影响。

学校管理者和体育教师应在学生入学和每学期开学初，对学生讲明"患有禁止参加体育运动的疾病"的严重性，让学生进行健康登记，而且要对这部分学生安排医疗允许的体育的锻炼或遵医嘱，安排适合其身体情况的针对性活动。

11.1.4 应对安全教育的风险

日本东京防灾中心大厅中的醒目口号是"面对灾害,首先是自救,然后是互救,最后才是政府救助",日本中小学每周会举行防火、地震、海啸演习,通过频繁的演习训练,使每个学生熟练掌握紧急避难和安全防护自救[48]。对于学校安全教育的推行,我们应该向日本学习,加强对学生自助自救意识与方法的实践教育,使学生在参加体育运动中遇到风险事件不慌乱,而且具备安全自救自护的能力。

学校安全教育的缺失使中小学生普遍缺乏公众安全意识,缺乏对伤害事故的应对经验。我们应加强对伤害救护资源的调研,建立救护资源储备制度,建立紧急救助条件下的资源调度系统[15]。体育教师要让学生明白,体育课堂教学不等同于体育运动,虽然都是身体参与的运动,但是两者的外部环境与条件各不相同,体育课堂教学管理严格、封闭,学生的心理身体负荷小;体育运动环境复杂、开放,学生的身体心理负荷大。从风险的角度来审视中学生参加体育运动,学生在体育运动中可能会碰到各种风险因素,媒体已经报道的比较严重的后果是学生伤残甚至付出生命的代价。在学校管理工作中,学校应该高度重视体育运动风险管理,重视学生的安全教育,引入学校体育运动风险教育;教育局应该对体育教师及相关人员进行风险教育,以提高他们的风险防范意识和能力,在教育工作中把风险教育落到实处。

对"学校体育课上传授安全卫生知识情况"的统计发现,大部分学校的体育课堂很少传授安全卫生知识,说明学生对安全卫生知识比较匮乏(见图11-1)。对学生"体育安全教育知识"的来源中调查发现,29.6%的学生选择"体育教师",48.8%选择"电视、广播、书报等媒体",69.6%选择"安全教育课本",20.2%选择"父母",只有2.3%选择"没有这方面的知识"(见表11-6)。反映出湘西地区中学生安全教育没有真正落实到位,学生对安全卫生知识的了解大部分还局限于书本,缺乏校园安全教育的普及化和常态化。

体育教师应当充当"安全教育知识"的宣传员,通过加强对体育教师的职业培训，使其学习各类"安全教育知识"，通过形式多样的教育方式把常见的运动损伤防护和体育保健常识知识融入体育教学内容中，让所有的学生都能熟知"体育安全教育方面的知识""体育健康知识"；还可以通过安全知识竞赛、海报等形式让学生知道身体素质条件、饮食状况、睡眠质量与体育运动的关系，帮助学生建立和养成良好的生活、卫生和安全运动的习惯。

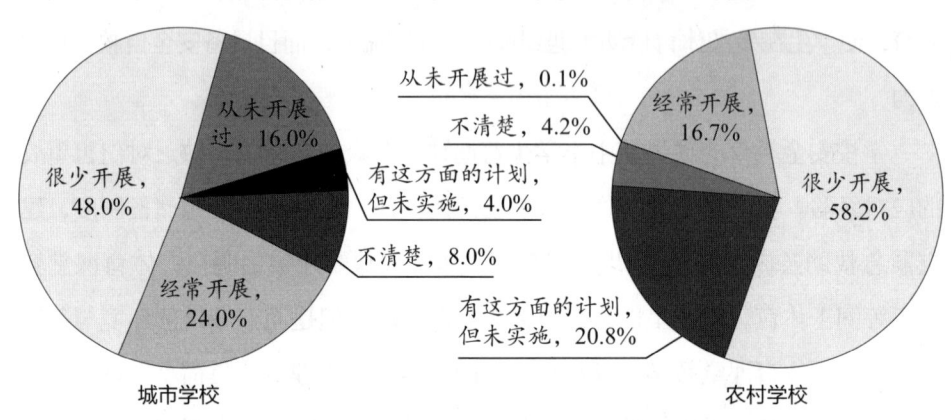

图 11-1　学校体育课上传授安全卫生知识情况调查统计图

表 11-6　学生对体育安全教育方面知识的获取来源渠道统计

渠道来源	比例	排序
安全教育课本	69.6%	1
电视、广播、书报等	48.8%	2
体育教师	29.6%	3
父母	20.2%	4
班主任或辅导员	18.3%	5
没有这方面的知识	2.3%	6

在体育教学中，体育教师不仅要有较高的风险意识，而且要有责任和义务教育学生树立安全意识。在体育教学中，预防伤害事故发生的重点工作是加大安全教育，体育教师应通过各种途径和方式，向学生宣传体育教学安全的重要性，传授预防伤害的方法，增强学生的预防意识[20]。调查发现，61.3% 的体育

教师"在进行认为有危险的项目时才提到"安全，19.7%的教师每节课都会提到（见表11-7）。对中小学生进行安全教育，一定要结合学生的身心特点，注重教授的方式和组织手段，突出安全教育的知识性、实用性和指导性。学校体育运动的安全教育，需要教育局定期对体育教师进行线上线下的安全教育培训，提升教师的安全意识和风险识别防范能力，才能使他们在学校体育工作中把安全教育落地，有效地开展安全教育。

表11-7 体育教学中安全教育调查

选项	频数	比例
每节课都提到	27	19.7%
大部分课都提到	26	19.0%
在进行认为有危险的项目时才提到	84	61.3%

11.1.5 应对学生技能风险

调查发现，湘西地区初中体育运动多以跑步、广播体操、大课间形式开展，体育教师普遍缺少体育教学计划和目标，体育课多以集合、跑步准备活动、学习内容、学生自由活动方式进行，课堂教学的随意性较强，缺乏系统的运动技能的学段、学年、学期、单元和学时计划。很多学校从初二开始进行如排球垫球、篮球运球、前抛实心球等中考体育技能项目的学习和强化练习，但是体育教师对学生缺乏系统的教学组织和管理；练习中老师对学生的动作学习缺乏系统教授，存在学生技术动作不规范，动作完成质量不高等现象。因此，体育教师要注重对学生的基本动作进行标准示范。练习中，体育教师通过详细讲解动作要领，利用各种丰富的教学组织手段和教学方法，使学生按要求、分层次、循序渐进地掌握技术动作，同时对其注意保护与帮助。

11.1.6 应对课堂纪律的风险

调查发现，只有35%的学生"每次都能"按照体育教师的要求进行练习，有12%的学生"偶尔能够按照老师的要求完成练习"，10%的学生表示"体育课堂就是充分展现自己的时候，可以做自己想做的事情"。而课堂教学中注意力不集中、不按照体育老师的要求练习，恰恰就是风险的重点来源，需要体育教师加强课堂纪律管理。

调查还发现，大多数体育教师都能维持好课堂秩序。湘西地区从初二开始体育课堂就会开始练习中考体育的项目，学生自主练习时间比较多，对学生纪律的管理就没有那么严格。学生自主练习时间较多，容易发生运动伤害事故，需要引起体育教师的重视。教学中体育教师必须明确教学任务和教学目标，即便是让学生自由练习，也需要有一定的规则和要求，对学生的状况时刻保持关注。体育教师上课前可以对"活泼"的学生单独提出要求，运动中对他们时刻保持高度的关注，对于有一定风险的动作或者行为及时地制止，防止风险的发生。

体育动作学习是一个循序渐进的过程，需要体育老师针对不同的教学对象对体育素材进行合理的开发和利用。上课前，要注意检查场地安全，课堂教学要注重教学设计，针对运动项目的特点充分做好准备活动，在教学过程中教师要对学生的错误动作及时进行纠正。

11.1.7 应对场地设备风险

调查发现，大部分学校每年都会检查和维护体育场地器材设施。调查发现，湘西地区有81%的中学操场没有标准的400米跑道，操场的质地大多是煤渣和水泥，而且同一时间同一块场地同时会有五六个班级同时活动。因此，我们可以看出，目前湘西地区中学体育场地情况不容乐观，体育运动场地的硬件设施需要加大投入，最重要的是体育教师和学校领导的风险管理认知有待加强，最好每周检查场地器材的安全性，把场地风险降到最低，保障学生在体育运动中的运动环境安全。

11.1.8 应对体育教师风险策略

学校应加强体育教师职业素养和专业技能，尤其是注重其他课任教师兼任体育教师的教学技术的提升和教学能力的培养。学校还应要求体育教师不断学习提升自己，防止教育方法简单化、粗暴化，要以教育法规来规范教师的执教行为，坚决杜绝违背教育法的行为发生，最终保证学生身心健康成长。

访谈中，多名体育教师都认为对体育教学活动本身的风险知识掌握较好，但是在特定的体育教学环境中却应用得不好，由于每个体育教师的性格、思维、心理水平和受教育程度不同，风险的可控性差异较大，体育运动中体育教师如何合理地控制风险的发生和发生风险后如何处理是非常关键的。

湘西地区受体育场地、体育器材、体育环境的限制，需要体育教师通过教学、训练、组织指导课外体育活动来实现发展学生的个性、体力和智力，培养学生良好思想品质，增强学生体质的目标。体育老师在备课时要充分考虑学生的体质健康状况、学生的运动能力、气候、场地设备、教学方法与组织手段、运动负荷等因素。

11.2 学校管理风险应对措施

学生伤害事故的发生在很大程度上与学校管理上的疏漏有很大的关系，因此学校防范学生伤害事故的一项重要措施就是把预防工作纳入到学校的常规性管理中。

11.2.1 教育部门强制要求学校建立伤害事故处理预案

教育局必须强制要求学校建立健全学生意外伤害事故的预防处理机制，从加强预防和妥善处理的角度，保障在校学生的人身安全，维护学生的合法权益，保障学校教育教学的正常秩序。

(1) 当学校伤害事故发生后，活动组织者应迅速通知校医在第一时间内采取有效措施组织抢救，若伤害事故较大的，校医应做好临时紧急处理，防止事故扩大。

(2) 意外事故发生后，活动组织者必须在第一时间内将情况向学校意外伤害事故应急指挥领导小组副组长或成员汇报，领导小组副组长必须根据学生受伤害的程度，及时通知相关部门实施抢救。

（3）意外事故发生后，班主任老师应及时通知家长，做好家长的安抚工作。校行政值勤人员、校医、班主任必须及时护送学生到达医院，在家长没有到达之前或学生没有脱离危险之前，不得离开医院。事故发生后财务人员要做好学生的保险理赔工作。

业内专家表示，学校制定专门针对体育课的意外伤害紧急预案很有必要，但如果超过一定的程度，有可能会使孩子们恐惧体育课，使孩子们一提起体育课就会害怕。

11.2.2 依法正确处理突发事故，赢得家长的理解

在伤害事故发生时，法律通常要求学校和体育教师要积极采取适当的方法予以救助，以使未成年人的伤害降到最低限度。学校伤害事故发生后，学校、老师应坚持依法、客观、公正、合理、适当和及时、妥善处理的原则，和家长共同处理好学生伤害事故。

11.2.3 把安全和防范意识教育落实到工作实处

要做到防患于未然，学校必须提高全体教职工和学生对学校伤害事故的警惕性，让他们在安全防范教育中意识到事故发生的不可预见性和后果的严重性，从而形成主动、敏感、警惕的综合防范意识，使学校各方人员增强履行自己岗位职责和义务的自觉性及责任心，使学校在组织各种活动时充分考虑学生的安全因素，增强学生的自我防范意识。

同时，学校还应通过课外活动、专题讲座等形式组织教职员工和学生学习各种基本的卫生常识，普及避险、紧急情况自救及救护他人的常识和方法，如人工呼吸、紧急止血等，增强教职员工的救护能力和学生的自我保护能力，使大家在突发事故面前临危不乱，能以科学的态度和方法对待事故的发生，将事故的伤害降到最低。

11.2.4 建立学生健康状况调查制度

学校应为学生建立一份比较详细的健康资料，对学生的家庭情况及健康状况，如既往病史、药物过敏、血型、体质强弱等进行调查备案。体育老师应在掌握每位学生身体情况的基础上，安排具体的教育教学内容，防止因体育教学内容安排不当造成身体存在疾患的学生发生伤害事故。学校和教师也要与家长及时沟通，共同保障学生的健康成长。对体质特殊或有疾病的学生，学校和教师要给予适当的照顾。一旦未成年学生伤害事故发生，学校和教师也能及时查清原因，及时通知学生家长，及时配合医院安排救治。

11.3 风险转移措施

风险转移是指将有风险的活动转移给其他人，以降低自身损失的方法[47]。对学校体育运动风险而言，人身伤害风险是无法转移的，能够转移的只能是财产损失风险，其中保险是风险转移的重要策略之一[49]。

通过文献检索和调查访问发现，已有相当一部分在校学生以学校统一参加和自己参加的形式参加了"保险"。在他们投保的保险种类中，一般以"意外伤害保险"为主，其承保范围包括车祸、烫伤、溺水、意外伤残等[40]。

如表 11-8 所示，44.9% 的初中生参加了"中小学意外伤害保险"，28.6% 的学生不清楚自己是否参加了"中小学意外伤害保险"，其中 50.8% 的农村初中生参加了"中小学意外伤害保险"，40.2% 的城市初中生参加了"中小学意外伤害保险"，两者之间存在明显差异。这种差异跟地方的经济状况和当地政府、家庭的重视程度等各方面原因存有很大的关系。

表 11-8 学生参加"中小学意外伤害保险"情况调查表

选项	总体（690）N	百分比	农村初中生（305）N	百分比	城市初中生（385）N	百分比	显著性
参加了	310	44.9%	155	50.8%	155	40.2%	0.000
未参加	183	26.5%	88	28.9%	95	24.7%	
不清楚	197	28.6%	62	20.3%	135	35.1%	

由表 11-9 可以看出，32.8% 的农村初中生参加了"中小学医疗保险"，占总体的 14.5%，33.8% 的城市初中生参加了"中小学医疗保险"，占总体的 18.8%，而且两者之间无显著性差异。反映出目前湖南省中学生参与"中小学医疗保险"的比例普遍较低。

表 11-9 学生参加"中小学医疗保险"情况调查表

选项	总体（690）N	百分比	农村初中生（305）N	百分比	城市初中生（385）N	百分比	显著性
参加了	230	33.3%	100	32.8%	130	33.8%	0.185
未参加	204	29.6%	108	35.4%	96	33.8%	
不清楚	256	37.1%	97	31.8%	159	41.3%	

据了解，目前学校学生的"中小学意外伤害保险"的保险费用由各学校统一收取后办理，大部分学校参保的是"中小学意外伤害保险"，而家庭贫困的则未缴纳这部分费用，学生是根据家庭情况自愿参保"中小学医疗保险"。调查的情况令人担忧，一旦发生伤害事故，学生的赔偿将得不到保障。保险公司对意外伤害的释义为："意外伤害是指遭受外来的、突发的、非本意的、非疾病的使身体受到伤害的客观事件"[40]。从意外伤害的释义中，我们似乎可以理解为体育意外伤害事故包括在意外伤害范围之列，应该属于"意外伤害保险"的承保范围。意外伤害的释义只是宏观的概括，这是保险责任阐述不够精细、不够专业化造成的。但往往学生在体育运动中出现大的伤害事故的概率较小，一般的、常见的损伤较多，但是这些常见的损伤不容忽视，处理不好就会给学生带来终生的慢性体育运动疾病。在这种情况下，学生即便参加了意外伤害的保险，自身的合法权益并未得到有效的保障，保险对他们来说形同虚设。一位职业高中的校长说，现在学校因为学生意外伤害很是头痛，因为从去年开始，必须缴纳的校园意外伤害保险被物价部门视为乱收费给"砍掉"了。现在一旦学生在学校受伤，家长就将矛头直指学校，学校叫苦不迭[41]。

由于学校责任事故不能通过"中小学意外伤害保险"解决，2000 年 10 月

8日，中国人民保险公司推出"校（园）方责任保险"项目，该险种由一个主险（校、园方责任保险）、两个附险（校、园方责任保险责任附加境外责任保险，校、园方责任保险附加注册学生第三者责任保险）组成，是专门用于处理学校责任事故的新险种，为解决学校责任事故开辟了一条新途径，已经在上海、北京、深圳等地推行。杭州市教育部门已组织全市中小学校投保"校方责任险"，根据规定，公办学校的校方责任险经费列入教育经费预算，由政府财政支出，以学校为单位支付，不得向学生摊派；民办学校则列入教育成本[42]。

对此，政府应划拨专项资金为学生购买"学校责任保险"（实际费用并不是很高），并要求学生购买"意外伤害保险"，让保险公司介入伤害发生后的理赔，来弥补和承担伤害发生后的部分经济损失，能够让学校合理规避伤害所带来的职业责任风险。同时，笔者建议学校通过各种社会渠道募集资金，设立伤害事故专项基金，以应对突发的学校风险，对学生进行紧急救助。

11.4 小 结

（1）中学生体育运动的风险应对是指在对中学生体育运动中可能遇到的各种风险源与风险事件进行识别、评估的基础上，提出中学生体育运动中的风险应对方法与策略。

（2）风险应对的方法通常有两种：一是风险防范，即在风险发生后针对风险致因采取控制措施，以降低或消除风险；二是风险转移，即在风险发生后采取有效的方法降低损失。

（3）通过实地调研，针对性识别和评估出风险项，主要从学校管理、体育教师、学生、场地四个方面提出相应的风险应对策略。

（4）在湘西地区体育运动风险的应对工作中，应该加强对体育教师的培养和重视，提升他们的专业素养，把安全教育融入到学校体育课堂中，重视培养学生的风险意识和应对能力。

参 考 文 献

[1] 刘艳芳,刘於清.教育均衡视野下的武陵山区农村薄弱学校建设研究[J].民族教育研究,2015,26(5):57-62.

[2] 曾小玲,杨顺生.农村中小学体育课程改革中的问题与对策研究:以湘西自治州调查为例[J].邵阳学院学报(社会科学版),2011,10(5):110-113.

[3] 张高华,曹健.武陵山特困连片区中小学生体育现状与对策研究[J].吉林体育学院学报,2013,29(4):101-104.

[4] 廉颖婷.7成人称"中国式过马路"曝社会规则失范[N].法制日报,2013-03-27(4).

[5] 杨琪,张天成,万力维,等.湘西州农村中学生体育锻炼特征及其健康危险行为研究[J].体育研究与教育,2016,31(1):71-74.

[6] 国务院办公厅关于强化学校体育促进学生身心健康全面发展的意见[EB/OL].http://mmv.gov.cn/zhengce/content/2016-05/06/content-5070778.htm.

[7] 李宝国,张朋,吴建华.新疆地区民族中小学体育风险管理研究[J].广州体育学院学报,2014,34(5):16-19.

[8] 张朋,阿英嘎.《学校体育运动风险防控暂行办法》的实施亮点、问题商榷与行动策略[J].皖西学院学报,2015,31(6):134-138.

[9] 张大超,李敏.国外体育风险管理体系的理论研究[J].体育科学,2009,29(7):43-54.

[10] 王苗.小学生体育运动安全问题与风险防范研究:以太原市为例[D].太原:

山西大学，2007.

[11] LAFLAMME L, EILERT-PETERSSON E. School-injury patterns: a tool for safety planning at the school and community levels[J]. Accident analysis & prevention, 1998, 30(2): 277-283.

[12] 王苗，石岩. 小学生体育运动的安全问题与风险防范理论研究 [J]. 体育与科学，2006（6）：36-40，45.

[13] LEWIS I. Safe practice in physical education and school sport[M]. New York, 2004: 180-202.

[14] SOBSKI J.Guidelines for the safe conduct of sport and physical activity in schools [J]. Duputy director-general(development and support),1999(10):71-78.

[15] 石岩. 我国优势项目高水平运动员参赛风险的识别、评估与应对 [J]. 体育科学，2004（8）：1-6.

[16] 刘易. 恩施市中小学生体育活动风险防控的现状及对策研究 [D]. 武汉：中南民族大学，2018.

[17] 关于政协十二届全国委员会第五次会议第 3644 号（教育类 365 号）提案答复的函（提案教 [2017] 第 304 号）[EB/OL]. [2017-10-25]. http://www.moe.gov.cn/jyb_xxgk/xxgk_jyta/jyta_twys/201803/t20180309_329414.html.

[18] 李晓燕. 中小学生意外伤害事故的预防与处理研究 [J]. 河北师范大学学报（教育科学版），2000（3）：98-104.

[19] 杨刚，王丹，解先德，等. 对学校体育运动意外伤害事故的探析与思考 [J]. 湖北体育科技，2001（4）：120-121.

[20] 石岩. 中小学体育运动风险管理 [M]. 北京：北京体育大学出版社，2012.

[21] 史悦红. 我国大型体育赛事风险管理的研究 [J]. 广州体育学院学报，2016，36（1）：30-33.

[22] 范明志，陈锡尧. 对我国重大体育赛事风险识别的初探 [J]. 体育科研，2005

（2）：26-29.

[23] 闫建华，田华钢. 学校体育运动风险识别和应对理论与实践研究 [J]. 浙江体育科学，2020，42（4）：87-91.

[24] 邱菀华. 现代项目风险管理方法与实践 [M]. 北京：科学出版社，2003.

[25] 谭晓玉. 学生人身伤害事故若干重要问题探讨 [J]. 教育发展研究，1999(7)：59-63.

[26] 袁一雪. 运动伤害也有性别之分 [N]. 中国科学报，2016-06-17（4）.

[27] 浅谈农村小学教育中存在的问题 [EB/OL]. http://blog.sina.com.cn/s/blog_1378d27a20102uz4u.html

[28] 吴湘军，崔素珍，黄文辉，等. 湘西少数民族地区中小学体育现状调查及对策研究 [J]. 浙江体育科学，2004（2）：72-75.

[29] 强化学校体育工作. 教育部新闻发布会解读相关政策 [EB/OL]. [2016.4.26] https://www.sohu.com/a/74795575_355206.

[30] SUNHO MUN.The perception of risk in sport activities[D].Florida: The Florida State University.2004.

[31] 连小刚，石岩. 我国学校体育保险模式研究 [J]. 西安体育学院学报，2000，37（3）：304-312.

[32] 侯婵莉. 初中生体育运动风险认知研究：以太原市为例 [D]. 太原：山西大学，2009.

[33] 唐正华. 湘西州农村小学体育教学安全风险与防范研究 [D]. 吉首：吉首大学，2020.

[34] 石岩，卢松波. 体育教师教学活动风险认知的质性研究及测量方法 [J]. 天津体育学院学报，2012，27（2）：121-125.

[35] 丰捷. 权威解读新修订《中小学教师职业道德规范》[N]. 光明日报，2008-09-10（10）.

[36] 中华人民共和国义务教育法 (2018 修订).[EB/OL].http://www.jimo.gov.cn/n3201/n3235/n25265/n25274/n25373/n35597/n35609/210415165050775068.html.

[37] 肖国良.体育教学中伤害事故责任的法律界定 [J].体育科技，2001，22（1）：8-11.

[39] 中华人民共和国体育法 .[EB/OL]. http://www.gov.cn/guoqing/2021-10/29/content-5647637.htm.

[39] 教育部关于印发《学校体育运动风险防控暂行办法》的通知.教体艺 [2015]3 号 [EB/OL].[2015-4-30]http://www.moe.gov.cn/srcsite/A17/moe_943/moe_946/201505/t20150515_189495.html

[38] 国务院办公厅转发教育部等部门关于进一步加强学校体育工作若干意见的通知 国办发 [2012]53 号 [EB/OL].http://www.moe.gov.cn/jyb_xxgk/moe_1777/moe_1778/201210/t20121029_143745.html.

[41] 郑向敏，宋伟.国内旅游安全研究综述 [J].旅游科学，2005，19（5）：1-7.

[42] 何泳忠，王宏伟.推进阳光体育运动 加强学校体育工作 [J].中国学校体育，2011（11）：26-27.

[43] 关于政协十二届全国委员会第五次会议第 0078 号（教育类 024 号）提案答复 函 [EB/OL]. http://www.moe.gov.cn/jyb_xxgk/xxgk_jyta/jyta_twys/201803/t20180302_328513.html.

[44] 项俊波.全面推进保险法治建设 努力开创保险业服务国家治理新格局 [N].学习时报，2015-10-01（1）.

[45] 教育部关于 2019 年法治政府建设工作情况的报告 [EB/OL]. http://www.moe.gov.cn/jyb_xxgk/s5743/s5744/A02/202004/t20200401_437181.html.

[46] 高进，石岩.中学生体育运动伤害事故的风险管理 [J].体育与科学，2008（5）：79-84.

[47] 王翾，桂晓艾. 学生体育伤害事故研究述评 [J]. 成都师范学院学报，2014，30（1）：49-51，54.

[48] 邓国良. 学校体育伤害事故的法律责任问题探悉 [J]. 体育与科学，2005，26（1）：71-73.

[49] 马北. 中小学教育：安全措施不力 校方将负法律责任 [J]. 安全与健康，2004（5）：10.

[50] 马根深，吴金元，彭德姣. 湘西少数民族地区中小学生身体发育现状 [J]. 武汉体育学院学报，2000（1）：27-30.

[51] 劳凯声. 中国教育教育法制评论（第3辑）[M]. 北京：教育科学出版社，2004.

[52] 褚宏启. 论学校事故及其法律责任 [J]. 中国教育学刊，2000（1）：44-48.

[53] 白莉，李杰，曹士云. 学校体育伤害事故中的"学校监护"问题之研究 [J]. 北京体育大学学报，2004，27（3）：372-374.

[54] 彭鹏仿. 试论监护人的法律责任：兼论学校与未成年学生的法律关系 [J]. 广西教育学院学报，2000（4）：33-35.

[55] 石岩，侯婵莉. 体育运动风险认知特征及其影响因素的理论研究 [J]. 体育科学，2008，28（10）：66-73.

[56] 中华人民共和国教育法 [N]. 人民日报，2016-02-23（23）.

[57] 张玉堂. 学校不是任何形式的监护人 [N]. 中国教育报，2001-06-02（4）.

[58] 王运福，陈通海，韩坤. 校园体育伤害事故的二元视角探析 [J]. 体育学刊，2004，11（4）：132-135.

[59] 茅锐. 论我国中小学未成年学生的学校伤害事故及学校教育防御 [J]. 云南师范大学学报（教育科学版），2000，1（4）：73-75.

[60] 劳凯声. 中小学学生伤害事故及责任归结问题研究 [J]. 北京师范大学学报（社会科学版），2004（1）：13-23.

[61] 劳凯声.中国教育教育法制评论（第 2 辑）[M].北京：教育科学出版社，2003.

[62] 郑惠芳.兰州市大学生体育课伤害事故的成因特点及分析[J].西北成人教育学报，2004（2）：45-46.

[63] 刘一隆.试论体育课伤害事故及其法律处理[J].福建体育科技，2000（3）：39-43.

[64] 褚宏启.未成年学生人身伤害问题研究[J].北京师范大学学报（人文社会科学版），2002（1）：83-91.

[65] 王岩芳，高晓春.体育教学中学生伤害事故的侵权责任与违约责任[J].天津体育学院学报，2005（3）：79-81.

[66] 唐宏贵，李双成，黄靖，等.俄罗斯"生命安全教育"对我国学校体育的启示[J].体育学刊，2004，11（6）：69-71.

[67] 钟小燕，石岩.生命视野下小学体育与健康课程渗透生命安全教育的常态化研究[J].搏击（体育论坛），2015，7（9）：7-9.

[68] 尹贻伟，杨善乾，李金霞.对在体育与健康课程中开展生命安全教育的思考[J].体育科技文献通报，2009，17（12）：76-77.

[69] 黄军锋.《民法典》视阈下法律行为制度的完善[J].西藏民族大学学报（哲学社会科学版），2020，41（1）：103-108.

[70] 李红雁.对《学生伤害事故处理办法》的法律反思[J].湖南社会科学，2005（2）：176-178.

[71] 张玉堂.对高校教学督导工作的几点思考[J].甘肃高师学报，2018，23（1）：73-76.

[72] 于杨.学校与未成年学生法律关系辨析[J].教书育人，2005（18）：40-42.

[73] 于虹.高等学校学生人身伤害事故法律责任认定[J].法制与社会，2013（12）：229-230.

[74] 谭静.试析学生体育伤害事故的防范与处理[J].成都体育学院学报,2013,39(8):90-94.

[75] 齐春雨.论学校在学生伤害事故中的民事责任[J].晋东南师范专科学校学报,2003(6):20-21.

[76] 费杰.学校体育伤害事故民事责任免责制度[J].体育科研,2012,33(1):49-53.

[77] 王维铭.学生伤害事故中损害赔偿立法研究[D].成都:西南交通大学,2010.

[78] 最高人民法院关于审理侵权人身损害赔偿案件适用法律若干问题的解释[N].法制日报,2003-12-30.

[79] 雨溪.解读《学生伤害事故处理办法》[N].中国教育资讯报,2002-09-04(B02).

[80] 最高人民法院关于审理铁路运输人身损害赔偿纠纷案件适用法律若干问题的解释（法释[2003]20号）[EB/OL].http://gongbao.court.gov.cn/Details/42c996d38500495f50ad95c1c23d21.html.

[81] 包桂荣.学校体育伤害事故的二元归责探析[J].湖北广播电视大学学报,2008(3):90-91.

[82] 袁古洁.论学校在学生伤害事故中的法律责任[J].体育学刊学报,2003,10(5):4-7.

[83] 高进,石岩.学校体育运动伤害事故的致因来源与防范策略[J].教育理论与实践,2008(36):56-58.

[84] 王晓娜,宋占军.体育保险发展研究[J].体育文化导刊,2016(6):114-116,131.

[85] 李万虎,钟霞.学校体育风险管理研究追溯与风险应对反思[J].南京体育学院学报（社会科学版）,2013,27(1):95-100.

[86] 谭伟耀.中小学生体育课意外事故预防及保险购买的必要性研究[J].当代体育科技,2017,7(4):138-139.

参考文献

[87] 蔡阳. 学生保险购买对体育课意外伤害事故风险转移的研究：以太原市小学为例 [D]. 太原：山西大学, 2018.

[88] 束卫东, 束云. 风险管理视域下中小学体育教学风险的研究 [J]. 运动, 2014（11）：109-110.

[89] 于英, 李铭函, 张巍. 大连市中学体育伤害事故现状的调查与分析 [J]. 辽宁师范大学学报（自然科学版），2017, 40（1）：126-134.

[90] 陈书昆. 关于妥善处理学生伤害事故的几个问题：《学生伤害事故处理办法》解读 [J]. 教育导刊, 2003（Z1）：67-70.

[91] 吴志宏, 杨安定. 中小学生伤亡事故案例 [M]. 2版. 上海：上海教育出版社, 2002.

[92] 王慧琳, 闫伟.《学校体育运动风险防控暂行办法》：超越"运动安全"[J]. 体育教学, 2016, 36（2）：13-14.

[93] 欧阳巍. 美国学校伤害事故的防范与管理 [J]. 邵阳学院学报, 2003, 2（6）：129-131.

[94] 孙金蓉. 日本学校体育伤害事故的现状及事故补偿制度的考察 [J]. 武汉理工大学学报（社会科学版），2004, 17（3）：402-404.

[95] 张扬. 试析体育教学中伤害事故的法律责任承担 [J]. 浙江师大学报（社会科学版），2001, 26（3）：77-79.

[96] 赫淑华. 学生在校伤害事故赔偿问题探析 [J]. 辽宁教育学院学报, 1999（3）：25-27.

[97] 赵平. 中小学生在校伤害事故纠纷处理与防范运作全书 [M]. 北京：中国言实出版社, 2001.

[98] 诸宏启. 论学校事故及其法律责任 [J]. 中国教育学刊, 2000（1）：44-48.

[99] 环建芬. 学校对未成年学生在校期间应负部分监护责任 [J]. 上海市政法管理干部学院学报, 2000, 15（5）：43-46.

[100] 何文炯. 风险管理 [M]. 北京：中国财政经济出版社，2005.

[101] 尹丽艳. 项目教学法在"风险管理"中的实践和反思 [J]. 晋城职业技术学院学报，2021，14（2）：37-40.

[102] 朱治安，梁工谦. 风险决策中投资分散性对感知价值的影响 [J]. 时代金融，2020（7）：76-79.

[103] 田旻露，魏勇. 简论学校体育伤害事故的风险 [J]. 首都体育学院学报，2008（5）：35-37，52.

[104] 闫建华，田华钢. 政府购买公共体育服务的法律规制与冲突 [J]. 体育成人教育学刊，2020，36（3）：10-13.

[105] 周旺成. 大型赛事风险及管理的研究 [D]. 北京：北京体育大学，2008.

[106] 学校体育工作条例 (2017 修订)[EB/OL]. [2017.3.1]. http://www.gov.cn/gongbao/content/2017/content_5219126.htm.

[107] 付媛杰. 加快修改《体育法》大力推动体育工作法治化 [N]. 中国体育报，2017-06-20（1）.

[108] 巩莲莲. 体育事件的归咎原则与风险管理：学校体育伤害事件 [J]. 湖北体育科技，2013，32（11）：1025-1027，1040.

[109] 浦法仁. 法律小词典 [M]. 上海：上海辞书出版社，2002.

[110] 赵萌，王焱森. 基于生命安全教育理念高校体育运动防护课程教学的常态化研究 [J]. 哈尔滨体育学院学报，2014，32（2）：66-69.

附　　录

附录1　湘西地区小学生体育运动风险教师调查问卷

您好，我们正在进行一项关于小学生体育运动风险的调查，想邀请您用几分钟时间帮忙填答这份问卷。本问卷实行匿名制，所有数据只用于统计分析，请您放心填写。题目选项无对错之分，请您按自己的实际情况填写。谢谢您的帮助。

说明：

1. 恳请您能仔细阅读每道题。
2. 凡符合您意见和情况的项目，请在字母下方画"√"，或在（　）中填写，希望您每道题都答，不要漏题。
3. 凡在回答中选择"其他"一项作为答案的，请在该题的空白处填写您的具体意见和想法。
4. 您对问卷的修改意见可在问卷上标注或写在任何空白处，以便下次修改，谢谢！

1.您的基本情况：

　　(1) 性别：　　　　　　　　　　　　　　　　　　　　　　　　（　）

　　　　　A. 男　　　　B. 女

　　(2) 年龄　　　　，教龄　　　　。

(3) 学历或学位：　　　　　　　　　　　　　　　　　　（　）

　　A. 专科及以下　　　B. 本科　　　　C. 硕士及以上

(4) 职称：　　　　　　　　　　　　　　　　　　　　　（　）

　　A. 小学一级　　　　B. 小学二级　　C. 小学三级

　　D. 小学高级　　　　E. 其他（请填写）

(5) 所带班级情况：　　　　　　　　　　　　　　　　　（　）

　　A. 男生　　　　B. 男女生合班

(6) 所带班级人数：　　　　　　　　　　　　　　　　　（　）

　　A.40~50人　　　　B.50~55人　　　C.55~60人

　　D.60~65人　　　　E.65~70人以上

2.单人项目和多人参加的集体项目哪一种更容易发生体育运动伤害事故？（　）

　　A. 单人项目　　　　B. 集体项目　　　C. 不一定

3.您在体育教学中有没有向学生传授体育运动中的自我保护方法？（　）

　　A. 每节课都提到　　　　B. 大部分课都提到

　　C. 在进行我认为有危险的项目时才提到

　　D. 少数课中提到　　　　E. 从没有提过

4.在下列课堂教学中，哪些最容易发生伤害事故？（将所选的字母填在下面短线上）您的选择顺序是_____、_____、_____

　　A. 在学校组织的体育训练　　　B. 在学校组织的体育比赛

　　C. 体育课外活动　　　　　　　D. 体育课堂教学

5.哪些是发生体育运动伤害事故的主要原因？（可多选）　　　（　）

　　A. 学校和教师在日常工作中对体育工作的安检和教育工作力度不够

　　B. 体育训练场地拥挤、场地不规范

　　C. 课堂上没有明确的教学任务，让学生自由活动，教师没有严加管理或对某些情况没有及时制止

D. 训练中安全保护措施不够

E. 教师的教学手段不科学、组织不严密

F. 教师对动作技术讲解示范不够

G. 部分学生对体育保健知识了解很少，缺乏自我保护和调节的能力，缺乏预防运动损伤方面的知识

H. 学生没有掌握正确的锻炼方法和动作要领，对自己的体能不能正确估计，技术动作不正确或动作突发性失常

I. 学生的纪律松散，擅自进行与课程无关的活动

J. 学生自身的特异体质或特定的疾病而不告知

K. 第三者同学的过失或过错

L. 学生主观上不遵守纪律，不按规范动作要求学练

M. 其他学校或个人有重大过错或过失对体育运动中的学生造成伤害

N. 体育运动本身存在一定的危险性，学生在体育运动中发生的纯粹的伤害事故

O. 来自自然界不可抗力因素

6. (1) 学校主管部门有没有定期检查和维护学校体育场地器材等设施？（ ）

  A. 有 B. 没有

 (2) 如果回答"有"，请选择具体检查时间 _____。（ ）

  A. 每周或每月 B. 每两个月 C. 每学期 D. 每年

  E. 每两年或两年以上

7. 您在上课前是否检查场地器材？（例如检查教学场地是否有碎玻璃）（ ）

  A. 每次都认真检查 B. 每次都检查，但比较草率

  C. 多数时候检查 D. 少数时候检查 E. 没有检查过

8. 您在组织学生体育运动前，是如何进行准备活动的？（ ）

  A. 每次都自己认真带领学生做 B. 每次都自己带学生做，但比较草率

C. 多数时候自己带学生做　　　D. 少数时候自己带学生做

E. 让队长带学生做　　　F. 让学生自己做

G. 基本不做，直接进行活动

9. (1) 您所在的学校对学生的体检情况：_____。（　）

   A. 半年进行一次　　B. 每年都进行一次　　C. 两年进行一次

   D. 从不进行　　E. 不清楚

   (2) 您在组织学生参加体育比赛、训练之前，了解每位参加者的健康状况吗？（　）

   A. 非常了解　　B. 比较了解　　C. 了解很少　　D. 不了解

10. 您在组织学生参加体育比赛前是否向学生讲解关于遵守比赛规则和文明参加比赛的注意事项？（　）

    A. 认真讲解　　B. 简单讲解　　C. 不讲解

11. (1) 在进行体育教学时，您认为您在多大程度上控制了课堂秩序？（　）

    A. 每次都能　　B. 多数时候能　　C. 少数时候能　　D. 根本不能

    (2) 您在进行体育教学和训练时，学生是否遵守课堂纪律？（　）

    A. 所有学生都能遵守　　B. 大多数学生遵守

    C. 少数学生遵守　　D. 没有学生遵守

12. 在您的工作中，有没有外单位的车辆或人员影响到您的教学、训练、比赛和学生的练习呢？（　）

    A. 经常有　　B. 偶尔会有　　C. 很少关注到　　D. 从来没有

13. (1) 您所在的学校是否购买了关于学生的学生责任保险？（学校购买）（　）

    A. 购买了　　B. 没有购买　　C. 不知道

    (2) 您所在的学校的学生是否购买了人身意外保险？（学生购买）（　）

A. 所有的学生都购买了　　　B. 多数学生购买了

C. 少数学生购买了　　　　　D. 不知道

14. 有没有一种项目，只要进行此项目，肯定会让学生受伤？（　）

　　A. 没有　　B. 有(如果选择"有"，请写出是什么项目)

15. 您所在的学校对体育工作的重视程度是：（　）

　　A. 非常重视　　B. 重视　　C. 一般　　D. 不重视　　E. 很不重视

16. 您是否赞成"必要时，可以对学生进行轻微处罚"？（　）

　　A. 很赞成　　B. 基本赞成　　C. 不好判断　　D. 不赞成

17. (1) 学校和教师是否是学生在校时的监护人？（　）

　　A. 是　　B. 不是

　　(2) 学校是否应该对在校时的学生承担监护责任？（　）

　　A. 应该　　B. 不应该

18. 您在进行体育教学、训练、比赛时，是否担心学生受到伤害？（　）

　　A. 很担心　　B. 基本比较担心　　C. 较少担心　　D. 不担心

19. 您所在的学校的体育运动伤害事故的解决方式是：_____。（　）

　　A. 通过诉讼解决（打官司）　　B. 经教育行政部门调解解决

　　C. 学生家长与学校协商解决　　D. 不了了之结束

　　E. 其他（请注明）

20. (1) 您所在学校的操场规格是_____。（　）

　　A. 400米　　B. 300米　　C. 250米　　D. 其他规格

　　(2) 所在的学校的操场质地是_____。（　）

　　A. 塑胶　　B. 煤渣　　C. 土　　D. 水泥　　E. 其他（请注明）

21. 您是否了解关于学生伤害事故的法律法规？（　）

A. 很清楚　　　　B. 基本了解　　　　C. 了解很少　　　　D. 一点都不知道

22. 在伤害事故发生后进行经济赔偿时，政府应该不应该和学校共同承担赔偿责任？　　　　　　　　　　　　　　　　　　　　　　　　　　　　（　　）

　　A. 应该　　　　B. 不应该

23. 请您将所知道的青少年保护方面的法律法规的名称写下来，越多越好。

24. 采取什么措施可以减少和预防体育运动伤害事故？请尽可能多地列出（比如可以从政府、学校、家庭、教师、学生、环境等多个角度来谈）。

附录2　湘西地区小学生体育运动风险评估表

填表说明：请根据您从事体育工作的经历，评估在学生体育运动中的风险发生的可能性、严重性和可控性，并在相应的空格内填上相应的数字。风险采用5级评判（见下表）。例如：您认为某一项因素的风险发生"有点可能""不太严重""轻易控制"，就在后面的空格内分别填上3、3、2即可。若还有未列入的风险条例，请您补在后面并进行评估。

风险发生的可能性				
根本不可能	不可能	有点可能	比较有可能	非常有可能
1	2	3	4	5

附 录

风险发生的严重性					
没有影响	不严重	不太严重	比较严重	很严重
1	2	3	4	5

风险发生的可控性				
很容易控制	轻易控制	控制有难度	控制难度很大	不能控制
1	2	3	4	5

可能遇到的风险	风险评估		
	可能性	严重性	可控性
学校和教师在日常工作中对体育工作的安检和教育工作力度不够			
体育场地设施不符合规范要求，设备陈旧			
教学中没有明确任务，让学生自由活动，教师又没有严加管理或教师对某些情况没有积极制止			
教师在教学或比赛中体罚或变相体罚学生			
教师的教学或训练手段不科学，组织不严密			
教师对动作技术讲解示范不够			
学生没有掌握正确的动作方法和要领，对自己的体能不能做出正确的估计，技术动作不正确或动作突发性失常			
学生的纪律松散，擅自进行与课程无关的活动而导致伤害			
学生自身有特异体质或特定疾病而不告知			
第三者同学的过失或过错			
部分学生对体育保健知识了解很少，缺乏自我保护和调节能力，缺乏预防运动损伤方面的常识			
学生主观上不遵守纪律，不按规范动作要求学练			
学生因睡眠和饮食的质量欠佳而引起的精神状态不好间接导致伤害的发生			
某些单位或个人有重大过失对体育运动中的学生造成伤害			

续表

可能遇到的风险	风险评估		
	可能性	严重性	可控性
体育运动本身存在一定的危险性，学生在运动中发生纯粹的意外事故			
课堂内容目前所存在的竞技化教材体系			
来自自然界的不可抗拒因素			
其他（请补充）			

附录3 湘西地区中学生体育运动风险教师调查问卷

说明：

1. 恳请您能仔细阅读每道题。

2. 凡符合您意见和情况的项目，请在字母下方画"√"，或在（ ）中填写，希望您每道题都答，不要漏题。

3. 凡在回答中选择"其他"一项作为答案的，请在该题的空白处填写您的具体意见和想法。

4. 您对问卷的修改意见可在问卷上标注或写在任何空白处，以便下次修改，谢谢！

A1. 您班级的学生加入"中小学医疗保险"情况：

① 全部参加（　） ② 大部分学生参加了（　）

③ 少部分参加（　） ④ 全部未参加（　） ⑤ 不清楚（　）

A2. 您班级的学生加入"中小学意外伤害保险"情况：

① 全部参加（　） ② 大部分学生参加了（　）

③ 少部分参加（　） ④ 全部未参加（　） ⑤ 不清楚（　）

附 录

A3. 您认为造成学生体育课上伤害事故发生的原因是（多选）

① 教师的教学内容、教学方法安排不当造成　　（　）

② 体育场地、器材存在的安全隐患　　（　）

③ 学生身体素质跟不上教学的要求　　（　）

④ 学生准备活动不充分　　（　）

⑤ 学生卫生检测体制不健全　　（　）

⑥ 学生人数太多，教师照顾不过来造成的　　（　）

⑦ 其他 _____（请填写）

A4. 当体育教学伤害事故发生后，您学校领导的态度是

① 很恼火，对教师进行批评处分　　（　）

② 和教师一起查明原因，与家长一起协商解决问题　　（　）

③ 不闻不问　　（　）

A5. 您的课堂发生教学伤害事故后，您能冷静地及时处理吗？

① 可以（　）　② 有时可以（　）　③ 不能（　）

A6. 您的课堂发生伤害事故后，您最担心的是

① 受到学校的处分（　）　② 受家长的责怪（　）

③ 牵扯到法律纠纷（　）　④ 造成学生身体的疼痛（　）

⑤ 影响自己今后的发展（　）

A7. 贵校多长时间进行一次学生体质健康检查？

① 一年（　）　② 一年半（　）　③ 两年及两年以上（　）

④ 从未组织过（　）　⑤ 不清楚（　）

A8. 贵校体育课上对学生开展安全自救知识的教育吗？

① 经常开展（　）　② 很少开展（　）　③ 从未开展（　）

④ 有这方面的计划，但还未实施（　）　⑤ 不清楚（　）

A9. 针对体育伤害事故制定"体育教学伤害事故处理条例"，对此您

① 完全赞成（   ）　　② 基本赞成（   ）

③ 说不准（   ）　　④ 不太赞成（   ）　　⑤ 完全不赞成（   ）

A10. 您认为塑胶场地能减少体育课上伤害事故的发生吗？

① 完全赞成（   ）　　② 基本赞成（   ）

③ 说不准（   ）　　④ 不太赞成（   ）　　⑤ 完全不赞成（   ）

A11. 您认为预防体育教学伤害事故应采取的措施是（多选）：

① 体育教师应加强自身业务素质的培养　　　　　　（   ）

② 加强学生自身的义务监督能力　　　　　　　　　（   ）

③ 体育教师课前应养成检查体育场地、器材的习惯　（   ）

④ 取消易发生伤害事故的动作技术的教学　　　　　（   ）

⑤ 教教材内容应符合学生的生理特点　　　　　　　（   ）

⑥ 开展小班额教学　　　　　　　　　　　　　　　（   ）

⑦ 课堂上向学生传授安全保护知识　　　　　　　　（   ）

A12. 您认为体育课程改革的实施，学生在体育课上伤害事故的发生

① 明显提高（   ）　　② 有所提高（   ）

③ 没有变化（   ）　　④ 有所下降（   ）　　⑤ 明显下降（   ）

A13. 为了预防体育课教学伤害事故的发生，您认为对易发生教学伤害事故的动作技术

① 应该删减（   ）　　② 视情况（   ）　　③ 没有必要（   ）

A14. 体育课上发生伤害事故后，您通常采取什么措施进行处理？

A15. 您认为学生伤害事故应通过什么方式解决？
　　①学校和家长应尽量和解，达成一致意见（　）
　　②由家长自己解决（　）
　　③由教育行政部门解决（　）
　　④通过第三者或中介机构出面协商（　）
　　⑤由法院判决（　）

A16. 你认为当发生体育教学伤害事故纠纷时应通过什么途径解决？

A16. 请谈谈您处理学生伤害事件的经验和体会。您对学生伤害事故的处理有何想法和建议？贵校在防范伤害事故通常采取哪些措施与处理办法？

附录4　湘西地区中学生体育运动风险学生调查问卷

　　本问卷旨在调查体育课上学生伤害事故的情况，在填写问卷中不用写姓名，请看清楚题目及其要求后，根据自己的实际情况在每个问题所给出的答案后面打"√"或者在"——"填写（如果没有特殊说明，请只选择一个答案）

　　本处所指的"体育教学伤害事故"，主要是发生在体育教学过程中因学校过失造成的学生人身损伤、残疾、死亡等伤害事件。

　　B1. 你曾经发生过运动损伤吗？（运动损伤是指运动过程中发生的擦伤、扭伤、骨折、脑出血、关节脱臼等伤害）
　　　　①有过（　）　　　②没有过（　）
　　请回答①的学生继续回答，选②的同学请跳过B2至B6，从B7接着回答。

B2. 你受伤的时间（根据自己的实际情况填写，也可以多选）

①体育课上　　　　　　　　　　　　（　）

②课外体育运动时　　　　　　　　　（　）

③体育课间休息时、打闹时　　　　　（　）

④参加学校组织的外出活动时　　　　（　）

⑤上学或放学的途中　　　　　　　　（　）

⑥家里　　　　　　　　　　　　　　（　）

⑦其他环境下 _____ （请填写）

B3. 你认为自己受伤的主要原因是：

①准备活动不充分　　　　　　　　　　　　（　）

②自己的身体素质达不到运动项目的要求　　（　）

③做运动时心理胆怯或冲动造成　　　　　　（　）

④自我保护意识太差　　　　　　　　　　　（　）

⑤做动作时注意力不集中　　　　　　　　　（　）

⑥体育场地器材存在安全隐患　　　　　　　（　）

⑦体育老师安排的教学内容不符合生理特点　（　）

⑧天气、光线太差　　　　　　　　　　　　（　）

⑨体育老师课堂上提供保护帮助不力　　　　（　）

⑩体育课上其他同学的原因造成　　　　　　（　）

B4. 你受伤后学校通常采取的措施

①伤势轻的老师自己处理，严重的送往医院（　）

②通知校医进行处理（　）　　③根本不管（　）

B5. 你受伤后最担心的是

①家长的责怪（　）　　②影响自己的正常学校和生活（　）

③老师的责怪（　）　　④忍受身体的疼痛（　）

附 录

⑤其他 _____（请填写）

B6. 你受伤后家长的态度是

　　①责怪（　）　　　　　　②到学校找领导（　）

　　③要求学校赔偿（　）　　④表示理解学校（　）

　　⑤不让再上体育课（　）

B7. 你所在的学校是否建立学生卫生健康卡片？

　　①建立过（　）　　②从来没有过（　）　　③不清楚（　）

B8. 体育课上，体育教师向学生进行体育安全知识教育吗？

　　①经常进行（　）　　②从来没有过（　）　　③不清楚（　）

B9. 为了避免伤害事故的发生，体育教学中老师（根据自己的实际情况填写，也可以多选）

　　①经常强调安全的重要性　　　　　　　　　　　　　（　）

　　②十分注意保护帮助　　　　　　　　　　　　　　　（　）

　　③经常删减易发生事故的动作技术　　　　　　　　　（　）

　　④教授易发生伤害事故的技术动作时经常强调安全的重要性（　）

　　⑤其他 _____（请填写）

后 记

2005年开始准备毕业论文时，"运动伤害事故"已经逐渐成为研究的热点问题。笔者工作后一直进行小学运动伤害事故的调查研究，发表的相关研究论文的一些内容此次也收入本书中。近年来，学校体育运动伤害事件被各类媒体广泛报道，学校体育运动安全问题越来越被广泛关注。不少学校采取的所谓"规避运动危险"的消极措施已经引起了许多不良后果，教育部颁布一系列文件保障中小学生体质健康管理工作，如《教育部办公厅关于进一步加强中小学生体质健康管理工作的通知》要求中小学不得以任何理由挤占体育课和学生校园体育运动。中小学聚焦"教会、勤练、常赛"的教学模式的同时，教育行政部门和学校建立健全学校体育运动风险防控机制成为学校体育工作的重要工作，但事实上在学校安全教育落实到学校体育工作实践中仍有困难重重。

从2002年开始，石岩教授及其团队从风险管理视角探讨中小学体育安全问题，这是国内较早采用列表排序法和帕累托分析法对体育运动风险评估进行量化研究的，所开展的系统研究为本书提供了清晰的思路。预调查的结果也证实了石岩教授的调查量表能比较全面地调查体育运动风险调查。本书在调查研究湖南省湘西地区中小学体育运动风险时借鉴、参考了石岩教授的风险评估量表。在此，感谢石岩教授及其团队！

本书在撰写过程中参考和引用了一些国内外文献资料和著作，对所有作者一并表达谢意！

由于时间仓促和本人水平能力所限，本书难免存在偏差和漏洞，敬请广大读者指正。

钟小燕

2021年5月